弁護士は
こう訊く

裁判官は
こう聴く

民事尋問教室

弁護士　牧田謙太

JN054859

学陽書房

まえがき

　本書は、民事裁判で初めての尋問を控え、何をしたらよいか不安に思われている方や、何度か尋問をやってみたが尋問は苦手に感じている方に向けて書かれている。読者は弁護士を想定しているが、簡易裁判所の訴訟に携わる司法書士や、実務修習で尋問に触れている司法修習生、これから法律実務家を目指す法科大学院や法学部の学生にも、民事裁判における尋問の現場を知ることができる本になっている。

　本書の特色は、次の点にある。
　まず、具体例を中心に話が進んでいる。
　尋問の各場面について、私が弁護士の視点からNG例を挙げ、なぜNGなのかを解説し、次いでOK例を示した。そして柴﨑裁判官がコメントをしている。最終章では、柴﨑裁判官が介入尋問・補充尋問に対する異議についての事例を示しながら解説し、私が弁護士の視点からコメントをしている。本書で取り上げた例は全て架空のものであるが、その素材は私たちが裁判の現場で経験したことである。そのため、皆さんが読み進めていくと、「あるある、そういうこと」など頷かれることもあるだろう。

　また、本書のテーマは「失敗をしない尋問をする」ことにある。そのために、NG尋問を極力なくすことに最大の力を注いでいる。それは、多くの方にとって、自分の得意な点を更に洗練することよりも、良くない点や悪い癖を直していくほうが、尋問技術の向上に資するからだ。高校や大学入試に喩えれば、正答率が10パーセントの問題を解けるようになる前に、正答率50パーセント以上の問題を絶対に落とさないようにすることが合格の近道である、といえば納得されるだろう。そのため、本書は尋問が得意な方よりも、冒頭で述べた、尋問に対し不安や苦手意識を持っている方により効果がある。
　更に、私たちの既刊『弁護士はこう表現する　裁判官はここを見る　起

案添削教室』『裁判官はこう考える　弁護士はこう実践する　民事裁判手続』と同様、わかりやすい言葉で書かれている。例を挙げて解説をするというスタイルは、教室で講義やゼミを受けている感覚でどんどん読み進めることができるだろう。

　上述の既刊「民事裁判手続」と「起案添削教室」のまえがき・あとがきで記したのは、近年若手弁護士が先輩弁護士に気軽に相談できる機会が減ったのではないか、ということである。それは尋問の場面においてより顕著であろう。訴状や準備書面は、書いたものを先輩に見てもらうことはできる。

　しかし、自分の尋問の是非は先輩に立ち会って聞いてもらわなければならない。共同受任や弁護団事件でもなければ、そのような機会はほとんどない。忙しい先輩弁護士に「私の尋問を傍聴してください。」とは頼みづらいではないか。逆に先輩から「今度尋問するんでしょ、見に行くよ。」と言われても、ほとんどの方は「お忙しいでしょうから結構ですよ。絶対に来ないでください（マジ来るな！）。」と丁重にお断りするだろう。そのような逆境の中で、尋問技術を上げるために、是非本書を活用していただきたい。そして、私や柴﨑裁判官と一緒に勉強をし、いざ尋問の場に臨んでも、落ち着いて堂々と対処できるようになろう。

　では、民事尋問教室、そろそろ開講の時間です。

令和 5 年 7 月吉日

弁護士　牧田　謙太郎

LESSON 1

尋問教室に
ついての
ガイダンス

POINT 1

民事裁判の尋問の心構え

この講座のアウトライン

　この講座では、まずLESSON1で民事裁判の尋問を学ぶためのアウトラインを示す。このLESSONを通じて、習得すべき全体像をつかんでほしい。その上で、LESSON2以降の各論に進んでいこう。

　この講座では、失敗例（NG例）を取り上げ、これを検討していくことで皆さんが尋問の現場で活用できる知識を自然に身に着けられるようにしている。NG例を素材にするのは、失敗しない尋問技術の習得を目指すことにある。そして、尋問を聞いている裁判官からコメントを得て、裁判官からどのように見えるのかを知ることができる。壇上の裁判官の考えを共有することで、あなたの知識はより深いものになっていくと確信する。

裁判官が考える、民事裁判における尋問の目的

　民事裁判の尋問を行う上で守るべき約束事を考える前に、民事裁判における尋問の目的を考えてみよう。なぜ、民事裁判で尋問をするのか、ということである。端的に説明できるだろうか。

　法廷で真実を白日の下に曝すことか。それとも、尋問の前に結論は決まっているけれど依頼者の手前、相手を追及する（ように見せる）ためだろうか。

　この点、柴﨑裁判官は前著『裁判官はこう考える　弁護士はこう実践する　民事裁判手続』（学陽書房、2017）（以下、「民事裁判手続」という。）で裁判官の心証形成過程を説明しながら、書証と人証の役割を説明してお

られる（「民事裁判手続」98頁〜104頁）。この説明部分はとてもわかりやすくイメージしやすいので、是非ご一読いただきたい。

　ここでは簡単に要約してみよう。

① 　個々の証拠（書証や人証など）から、個別的ないし断片的事実（間接事実や主要事実）を認定し、これらをつなぎ合わせて合理的なストーリーが完成するのかを推理する。ジグソーパズルに喩えると、個別的ないし断片的事実がパズルのピースで、ピースをつなぎ合わせてパズルを完成させる。

② 　人証調べに臨む前に、提出された書証によりパズルの概略を見通す。このとき、ピースの空白部分の絵柄も推測する。

③ 　人証調べの結果、大半のケースでは人証調べにより空白部分の絵柄が正しいことが確認される。しかし、例外的に人証調べの結果、裁判官が描いていた絵の概略が崩れ去り、心証が覆ることもある。

④ 　経験的にいうと、人証調べの結果、心証が覆らないのは80ないし85パーセントではないかと思う。

⑤ 　離婚訴訟における「婚姻を継続し難い重大な事由」など、事件によっては、人証調べの結果がより重要なこともある。

📄 民事裁判における尋問の目的

　さあ、おわかりだろうか。民事の尋問をする前に裁判官の心証はすでに8割方固まっていると考えて間違いがない。

　このことを踏まえ、訴訟当事者の代理人として、尋問の目的をどこに置くべきだろうか。

　まず、尋問前の時点で訴訟が優勢（十分な書証があるなど）である場合は、人証によって残り2割のピースをきちんと埋められるようにすること。張り切り過ぎて余計なことを聞きだしたり、的外れな尋問をして裁判官を混乱させないようにしなければならない。

　劣勢の場合は、尋問により逆転の可能性があるかをきちんと吟味しなければならない。その上で、2割の可能性を3割、4割とじりじり広げてい

く努力をする。

　このように考えると、尋問は、どのような形勢であれ、これまでの証拠や訴訟進行を踏まえた上で、人証によりそれぞれ狙った方向へあと一歩二歩推し進める、という攻防なのではないだろうか。尋問で鮮やかに完勝したり、逆転を狙うのではない。現時点での心証を一歩二歩それぞれ進めていく、という目的を持たせるべきだと思う。尋問前の８割の心証や、２割の逆転のチャンスを尋問でつぶしてはならない。そのためには、失敗しない尋問を常に心がけるべき、ということになる。

📋 「負け」 と 「勝たない」 は違う

　勝ち筋の８割を尋問で２割追加して10割にもっていく、というのはイメージしやすい。他方、負け筋の２割を尋問で３割４割にしても結論は負けではないか、であれば、尋問ではなばなしく相手を攻撃して潔く散るべきではないか、そのほうが、依頼者受けもよいだろうし、という疑問があるかもしれない。

　しかし、その結果２割の心証すらつぶれて０となった場合、どうなるだろうか。判決はもちろん敗訴するし、和解も困難だろう。世の中は白か黒かで割り切れることはそう多くない。２割や３割の理があることで、和解による解決も期待できる。負け筋においては、全面敗訴をさけるべきである。「勝っていないが負けてもない」という結論にもっていくために、尋問で墓穴を掘らないようにしなければならない。

　特に、尋問を行った直後に和解をすることが多いのであるから、その直前に得た裁判官の心証はとても大きなものだと思われる。時には、尋問をする前の心証から後退しないような、現状維持の尋問を目指すこともある。心にとどめておいてほしい。

📋 尋問が人証の結果を左右する

　書証と異なり、人証は生身の人間の供述である。しかも、一問一答であ

るから、尋問者の質問により供述者の記憶から供述を引き出していく。わざと虚偽の答えを引き出すことは、偽証の教唆になるのであり、やってはいけない。しかし、質問のしかたがまずかった結果、勘違いや思い違いで想定と異なる供述が出てくることがある。詳しくは後でじっくり検討するが、ここでは、尋問により事件の足を引っ張らないようにすることが大事であることを指摘したい。十分な検討を経ていない、思い付きの尋問は、藪をつついて蛇を出す、ということが多い。現場のひらめきで「相手の弱点見えたり！」とばかり反対尋問で追及したら、逆に相手の主張を固めてしまった、ということは本当によくある。

　現場の思い付きで「これ聞くべきか、聞かざるべきか」と迷ったら、「やめておく」ということを意識するとよい。

POINT ⚖ 2

尋問のルール

📑 尋問の現場で知っておくべきルール一覧

　「尋問は一問一答で」「誘導尋問は主尋問ではダメ、反対尋問ではOK」など、有名なルールはご存知だと思う。これらは民事訴訟規則（以下、民訴規則という。）に列挙されている。尋問の現場では、これらの規則を知り、かつ、マスターしているか否かが、尋問の良し悪しに直結するし、的確な異議を出すことができる。

　これらの規則を整理して、要件（ルール）と違反の効果、POINTを一覧にした。POINTはこれからLESSON2以降で具体例とともに説明をするので、ここでは尋問全体でマスターすべき事柄のアウトラインをつかんでほしい。主尋問や反対尋問をするときには、このルールに引っかからないようにしなければならないし、相手の尋問がこれらの約束事に違反している場合は適宜異議を出すべきである。

尋問の範囲のルール（民訴規則114条）

①	ルール：尋問の範囲を逸脱しない 主尋問　　立証すべき事項及びこれに関連する事項 反対尋問　主尋問に現れた事項及びこれに関連する事項 　　　　　証言の信用性に関する事項 再主尋問　反対尋問に現れた事項及びこれに関連する事項
②	違反すると…… 裁判長は、相当でない場合、申立て又は職権で尋問を制限できる
③	POINT 陳述書は主尋問扱い 双方主尋問をしたい場合の扱い 再主尋問で、初出の主尋問をした場合

尋問の方法のルール（民訴規則115条1項）

①	ルール：一問一答 質問は、できる限り、個別的かつ具体的にしなければならない
②	違反すると…… 明文はないが、相当でない場合、前記同様尋問制限の対象になる
③	POINT なぜ、個別的かつ具体的な質問をすべきなのか 包括的または抽象的な質問が許される場合は 相手が個別的かつ具体的な質問をしない場合、異議は可能か

絶対やってはならないルール（民訴規則115条2項1号）

①	ルール：証人を侮辱し、又は困惑させる質問 　　　　誤導尋問（明文はないが、絶対禁止とされている）
②	違反すると…… 裁判長は、申立て又は職権で尋問を制限できる
③	POINT 侮辱的な質問とは何か 困惑させる質問とは何か 誤導尋問とは何か

やってはならないルール（民訴規則115条2項2～6号）

①	ルール：誘導質問 　　　　すでにした質問と重複する質問 　　　　争点に関係のない質問 　　　　意見の陳述を求める質問 　　　　直接経験しなかった事実の陳述を求める質問
②	違反すると…… 裁判長は、申立て又は職権で尋問を制限できる （正当な理由がある場合を除く）
③	POINT 許される誘導尋問とは何か 意見の陳述を求める質問とは何か 証人が直接体験していない事実の陳述とは何か

文書などを示すルール（民訴規則116条）

①	ルール：裁判長の許可を得て、文書、図面、写真、模型、装置その他の適当な物件を利用して、質問することができる
②	注意点 尋問で使用する文書（民訴規則102条） 　相当期間前に提出しなければならない 　弾劾証拠として使用する場合は除く 証拠調べをしていない文書などを利用する場合 　質問前に相手方に閲覧の機会を与えなければならない 　ただし、相手方に異議がなければ閲覧の機会は不要
③	POINT 弾劾証拠を、相手の事前閲覧せずに示せるか 要証事実を立証可能な証拠を弾劾証拠として示せるか

文字の筆記などをさせるときのルール（民訴規則119条）

①	ルール：裁判長は、必要があると認めるときは、証人に文字の筆記などをさせることができる
②	注意点 裁判長の権限であるため、許可や承認をとってからやるべき
③	POINT どのような活用が考えられるか（略図作成、ジェスチャーによる再現） 事後処理をきちんとする

📄 一般的な尋問の「お約束」

　尋問の内容以前の基本的な「お約束」をここで確認をしよう。「大きな声ではっきりと」という類である。わかってはいるが、尋問の現場で慌てると早口になってしまい、何度も「質問をもう一度お願いします」と言われたり、裁判長から注意されることになる。内容以前で失敗しないためにも、最低限これらのお約束を守ってほしい。

その他のお約束

①	質問する前に、名前を言う
②	大きな声で、はっきりと
③	質問者が質問を理解しているか、常に確認
④	裁判官が質問と答えを理解しているか、常に確認
⑤	急がない、慌てない、間合いをとる
⑥	あいづちを打たない
⑦	調書に残ることを、意識する
⑧	二人の世界に入らない〜専門用語、地名、略語、方言の説明〜
⑨	怒らない、イライラしない、丁寧に
⑩	しらけ笑いをしない
⑪	格調高く、丁寧に
⑫	話をしてくれたことに敬意を示す

異議のルール

📋 尋問における「異議」とは

　尋問における訴訟上の異議については、尋問の順序（民訴規則113条）、質問の制限（同114条2項、115条3項）、文書等の質問への利用（同116条1項）が規定されている（同117条）。例えば、誘導尋問がなされ、裁判長が「誘導尋問です。質問を変えてください。」と制限をし、又は制限するよう求めた当事者の申立てを認めず尋問を続行させる（同115条3項）という場合に、不服がある当事者が異議を申し立てる、という制度である。

　その前段階で、尋問者の相手方代理人が「異議あり。誘導尋問です。」と述べているのは、民訴規則上の異議ではない。POINT2でみたとおり、ルール違反の尋問を制限するのは裁判長にあるのだから、当事者の「異議あり」は、裁判長に対して尋問を制限するように職権発動を促す、ということになる。なぜ、異議という言葉を使うのか、実はよくわからない。しかし、異議の対象とは何か、むしろ「裁判長、ただ今の質問は誘導尋問であるため、質問を制限してください。」というのが正しのではないか、などと悩んでもよいことは一つもないので、ここは割り切って「異議あり」でいこう。

　一般に、日本の民事裁判では尋問途中で異議が出されることが少ないと言われている。皆さんもそう思うだろうし、私もそう思う。その原因は様々あるだろうが、異議が出ない結果、尋問に緊張感がなく、いい加減な質問が頻発することは間違いない。そしていい加減な質問により、答える側も緊張感がなくなり、憶測や印象で回答したりする。その結果、裁判官に誤った心証を抱かせ、訴訟の結果にも影響をもたらし得る。

的確な異議を出すことで、相手のいい加減な質問を阻止することができる。そのことで、証人や当事者にも良い緊張感（真剣に質問を聞いて真剣に考えて答える）が生まれると思う。異議を出すのに遠慮や忖度はいらない。

　他方、些細なことで異議を連発するのも尋問がその都度中断され、証言を得るという目的から遠ざかると思う。また、証言の信用性を高めないという点で、あえて異議を出さない、ということもある。詳しくはLESSON3以降で検討しよう。

📄 異議を出されてもめげない

　「異議あり」をマスターするのと同時に、是非、異議を出されたときの対抗措置も一緒にマスターしよう。相手から「異議あり」と言われる度に、即座に「撤回します」と言うのでは、この人尋問に自信がないのではないか、とりあえず都合が悪いことを聞かれたらまた異議をだそう、と足元を見られる。

　質問事項を考えるにあたり、尋問の規則に違反していないか、これにより相手が異議を出す可能性があるか、それでも質問をする場合、その理由を説明できるか、ということを常にセットで考えるとよいだろう。

　以上を踏まえ、次頁に尋問の現場でよく使われる異議とその反論をまとめておく。できれば見ないで瞬時に判断できるようにしておこう。異議の応酬は、瞬発力が大事なので、「異議あり」と立ち上がってから紙を見るのはカッコよくない。

主要な異議と反論一覧

①	関連性の有無（民訴規則114条1項）
	X　本件とは関係のない質問をしている
	Y　「異議あり。本件とは関係がない質問です。」
	X　「関連があります」※
	※証人の証言の信用性に関する質問

②	個別的かつ具体的でない質問（民訴規則115条1項）
	X　包括的な質問をしている
	Y　「異議あり。個別的な質問ではありません。」
	X　「許容される質問です。」

③	絶対禁止の質問（規則115条2項1号、誤導尋問）
	X　侮辱的※な質問をしている
	Y　「異議あり。証人を侮辱する質問です。」
	X　「侮辱的な質問にはあたりません。」
	※他に困惑的質問、誤導尋問

④	相対的禁止の質問（民訴規則115条2項2〜6号）
	X　誘導尋問※をしている
	Y　「異議あり。誘導尋問です。」
	X　「正当な理由があり、許される質問です。」
	※他に重複的質問、争点無関係な質問、意見を求める質問
	直接経験しなかった事実の陳述を求める質問

⑤	文書を示そうとする（民訴規則102条、116条）
	X　「新たに領収書を示します。」
	Y　「異議あり。事前に見ていません。」
	X　「弾劾証拠として示します。」

※Xは、それぞれ簡潔に許容性や正当性を述べる

裁判官からひとこと

1 尋問講座の受講生諸君に期待すること

さあ、再び「牧田マジック」の始まり始まり〜い、というわけで、前著『弁護士はこう表現する　裁判官はここを見る　起案添削教室』（学陽書房、2020）（以下、「起案添削教室」という。）に続く、牧田弁護士の貴重なる御講義を拝聴しようではないか。

LESSON1に対する私のコメントとしては、裁判官目線からの「尋問への心構え」といった、総論的なものを求められているが、これがなかなか難しい。各論的なものはあれこれと思い浮かぶのであるが、それらはLESSON2以下におけるコメントとして書くべきことばかりで、総論的なものがなかなか言葉になって現れてこないのである。そのような状態ではあるが、私の頭の中のわずかな知恵を振り絞って捻り出した内容を、挙げておくこととしよう。

2 事前準備は周到に、当日は冷静に

裁判官の立場から、弁護士に尋問についてごく一般論的な要望をするとなれば、上記の二言に尽きる。

当たり前のことを言っているだけで、目新しい話ではないじゃないかと言われそうであるが、前者の点はともかく、後者の点については怪しいと思える弁護士が少なからず存在する。そして、前者については、牧田弁護士が

LESSON2以降の各論で的確なアドバイスをされるはずであり、私の側では
その都度コメントすることとしたい。

　さて、後者であるが、尋問の際に冷静さを失う弁護士がそんなにいるのか
と問われれば、そういうわけではない。私が言いたいのは、「冷静さを失っ
て感情の赴くままに訳のわからぬ尋問をしないでほしい」というのではなく、
尋問の目的を常に念頭に置きつつ、また、質問に対する証人・本人の反応を
見て、続く質問において立ち入る範囲をどこまでとするかを見極めるなど、
冷静に状況分析ないし計算をしながら、尋問を実施してほしいということで
ある。

　これはあくまでも私の独断・偏見に基づくものであるが、一生懸命になる
弁護士ほど（くどいようであるが、全員がそうだというわけではない！）、
尋問の最中に熱くなって、尋問の目的を忘れ、冷静な状況分析ができなくなっ
て、触れなくてもよい事項にまで踏み込んだ質問をして、かえって相手方の
防御を固めてしまう結果となるような事態に陥りやすいように思う。

❸ 尋問の目的とは

　先ほど、「尋問の目的を常に念頭に置きつつ」と書いたが、そもそも尋問
の目的とは何か、尋問は何のためにするのであろうか。

　この問いに対する答えは、弁護士であれば「自分の依頼者を勝訴させるた
め」となるであろう。それは正しい。更に訴訟手続の意義をより大局的にと
らえれば、「自分の依頼者と相手方との間における紛争を解決させるため」
という答えが出てくるところである。

　ただ、人証調べ（尋問）という場面に限って、それは何のためにするのか
といえば、「審理を担当している裁判官に、事案の真相をわかってもらうた
めにするのだ」というべきではなかろうか。その点を押さえた上で、話を先
に進めよう。

尋問は、裁判官に聴かせるためのもの

　質問と答えを聴かせるべき相手が誰かといえば、ズバリ、裁判官である。一連の事実経過が自分の主張のとおりであることを裁判官に理解してもらい、自分が主張する権利義務関係を判決の主文で明言してもらいたい（勝訴判決を得たい）ために、裁判官に質問と答えを聴かせるのである。

　さて、これに対しては、「そんなこと、言われなくてもわかっている。」というのが大方の反応であろう（弁護士の中には、主尋問の冒頭に、「私から質問をしますが、答えは裁判官の方を向いて、裁判官に聴かせるようにしてください。」とわざわざ注意喚起をしてくれる人も少なからず存在する。）。それでも私がこの場で指摘しようとしている理由を述べると、それは、尋問の前の段階においてはほぼ全ての弁護士がそのことを頭では理解しているのに、いざ尋問が開始されると、そのことが頭から抜け落ちてしまうか、頭の片隅に追いやられてしまって、裁判官に聴かせようとする態度から外れた尋問を始めてしまう弁護士も、多くはないが存在するのである。

　特に、反対尋問（より正確にいえば、敵性人証又は相手方本人に対する尋問）の際に、質問の内容自体は証人又は本人を侮辱したり困惑させたりするものではないにせよ（さすがにこれを面と向かってする弁護士はまずお目にかからない。）、感情を交えたり、声を荒げたりして、時と場合によっては威嚇と受け取られかねないような質問をするようなケースはないわけではない。反対尋問は、敵性人証をやり込めることによる、「自分の依頼者の汚名返上の機会だ」という感情に駆られてしまうためなのか、裁判官に聴かせるのではなく、依頼者や、傍聴席にいる支援者らに聴かせようとしてやっているのではないかと疑いたくなるような事態に陥ることがある。

　私が前著「起案添削教室」において、くどいほど繰り返したフレーズがあり、それは、「相手の立場に立って。」というものである。このことは、訴訟書類の起案に限らず、ひいては、裁判手続に限らず、社会生活の中で常に心がけていなければならないものであるが、弁護士の尋問についても、聴く側すなわち裁判官の立場に立ってすることが求められる。

5　尋問は、事案の真相をわからせるためにするもの

　書証の申出を含め、証拠の申出は、裁判官に事案の真相を見抜いてもらうことを目的として、するものである。

　牧田弁護士は、（POINT1）において、私が前著「民事裁判手続」で書証と人証の役割を説明した部分を要約されているが、尋問（人証調べ）は、書証によって埋められていない2割のピース部分を埋めるためのものである。書証によりもはや動かし難い事実となっている事項について、当該書証の記載内容をなぞるような尋問をするのは、時間の無駄というほかはない。

　一方、書証に記載された内容が真実ではないことを明らかにしようとする場合はこれとは異なり、記載内容の問題点ないし疑問点を徹底して突いていくことが求められるが、他の書証や、すでに争いがなくなっている事実を引き合いに出して、それらを足掛かりとして、真相は当該書証の記載内容どおりではないことを暴いていくようにすべきである。

　いずれにせよ、尋問は、裁判官に対し、「事案の真相は斯く斯くしかじかなんですよ」と説得するための材料を提供する場であることを、尋問中においても忘れないでいただきたい。

6　尋問は、冷静に状況分析ないし計算をしながらすべし

　牧田弁護士は、（POINT1）において、「十分な検討を経ていない、思い付きの尋問は、藪をつついて蛇を出す、ということが多い。」「現場の思い付きで『これ聞くべきか、聞かざるべきか』と迷ったら、『やめておく』ということを意識するとよい。」と述べられているが、もっともである。

　尋問を行う弁護士は、相手方代理人の尋問と証言・供述を聴きながら、また、自身の尋問に対する証言・尋問を聴きながら、冷静に状況分析ないし計算をするという、戦場における指揮官に似た判断が求められる。敵性人証の尋問をすると、ついつい熱くなってしまいがちになるが、頭の中は冷静さを保たなければならない。

牧田弁護士は、「異議を出されてもめげない」と述べておられる。弁護士も人間であり、ついうっかり民訴規則に違反してしまうような尋問をすることもあろうが、逆に、尋問が規則に違反していないのに異議が出されることも決してめずらしくはない。相手方代理人が異議の理由とするところを聴取し、異議が正当なものと判断されれば質問を変える必要があるが、異議が正当でないと思料される場合には、裁判官に堂々とその旨を述べてほしい。そして、尋問の最中においては、異議が正当かどうかについて冷静に分析することを心掛けてほしい。当該事件では尋問で失敗をやらかしてしまったとしても、別の事件における尋問をする際の参考となろう。

❼ さあ、私と一緒に、牧田マジックにあやかろう

　LESSON1の主論に対するコメントの最後に、一言付け加えておきたい。
　裁判官も、職権で当事者本人を採用した場合には、主尋問をしなければならない。当然、そのための準備もすることになり、尋問の最中には質問と答えに注意を払うこととなる。また、裁判官による補充尋問は、反対尋問の補充的な性格が強い。
　つまり、牧田弁護士の講義は、裁判官も受講対象者としての資格があるというわけであり、私もLESSON2以下における牧田弁護士の講義を受講して、「牧田マジック」にあやかりたいのである。読者の皆さん、私と一緒に頑張ろうではないか。

LESSON 2

尋問準備の
NGをなくそう！

依頼者の陳述書

📄 お題：依頼者の言い分をどのように まとめるべきか

　原告は住宅リフォームなどを行う会社であり、被告はリフォーム工事を発注した顧客である。原告は請負契約に基づきリフォーム工事を行ったが、顧客が代金を支払わないので提訴をした。また、追加工事についても代金を支払わないので併せて請求をしている。

　被告は、工事が完成していない、仮に完成したとしても補修工事が未了であると主張して代金の支払いを拒絶している。また、追加工事についてはそもそも契約が成立していないと主張している。

　請負契約の契約日は令和4年6月15日、着工日は同月21日である。工事期間は同年7月30日までの予定であったが、同日までに完成せず、同年8月10日まで工事をしていた。

　あなたは、被告訴訟代理人として、リフォーム工事の状況をよく知っている被告の妻の陳述書を作成することにした。

NG例　依頼者の気持ちをまとめた だけの陳述書

1　私の夫は、サグラダホームに自宅のリフォームを注文しました。契約をしたのは夫ですが、夫は契約書に印を押しただけで、実際には私がいろいろなことを決めていました。

2　今回、サグラダホームから工事代金を支払えと請求をされていますが、私としてはとんでもない話で、絶対に払う必要がないと思っています。

　　というのも、サグラダホームは、社長がスペインで建築を学んだとかで、ホームページにはいかに社長が優秀か、自社に頼めばすばらしい家ができるなどとうたっているのですが、実際はとてもいい加減な会社なのです。まるでテレビで出てくるリフォーム詐欺そのものです。

3　例えば、システムキッチンを交換した時、私は、「白がいい」と言ったのですが、実際に納品されたのが赤だったのでびっくりしました。それで営業の佐倉さんに電話をしたら、「すみません、間違えました」と言ったのです。私は「もともと白を入れる約束でしたよね。そちらのミスではないですか。」と言って強く抗議をしました。結局、上のグレードに白色があったので、それを納品してもらいました。ところが、サグラダホームは、後でその差額を追加工事費として請求をしたのです。こんな不当な請求は、聞いたことがありません。私の知り合いにリフォーム屋さんがいるのですが、その人に相談しても、「それは詐欺だね。」と断言されました。

4　納品される予定であったシステムキッチンには棚がなかったので、私はキッチンに似合う棚を探し、下北沢の家具屋でビンテージな棚を見つけました。それを大工さんにキッチンの壁に取り付けてもらう予定だったのです。ところが、上記の問題で上のグレードのシステムキッチンに変更となったのですが、佐倉さんから、そのグレードには棚が付属しており、もし、棚は別のものを取り付けるというのであれば、付属の棚は廃棄します、と言われたのです。廃棄すると言われればもったいないの

で、私は仕方なく下北沢で見つけたビンテージの棚をキャンセルしました。気に入った棚を取付けできなかったので、慰謝料をもらいたいくらいです。

5　工事も適当で、最初年配の大工と若い大工が二人で来ていたのですが、年寄りがガミガミ若い大工を怒鳴っていたので、若い方は嫌になったのでしょう。2,3日後には来なくなりました。その後は年配の大工が一人で仕事をしていたのですが、仕事が遅くて7月30日には終わりませんでした。そして、8月10日に突然大工が現場を放棄したのです。そしてその日のうちに佐倉さんが請求書と追加工事契約書を持ってきました。

　後で大工が仕事をしたところを確認すると、壁紙が剥離している箇所がありました。廻縁の取り合い部分なんか、隙間が空いているのです。こういうものは、きちんと直すだろうと思い、佐倉さんにも修理をするように伝えたのですが、佐倉さんは、工事は終わりましたから、の一点張りで取り合ってくれませんでした。

（以下略）

Case1 依頼者の陳述書

1 陳述書の作成方針

尋問の準備として、陳述書の書き方を考えてみよう。

今日、陳述書は、本人訴訟や弁護士が陳述者であるという場合を除き、ほぼ訴訟代理人が原案を作成している。皆さんも、日常的に陳述書を作成し、裁判に臨んでいるはずだ。その際、どのようなことを意識しているだろうか。これまでの準備書面をカット＆ペーストし、語尾をです・ます調にすればよいのだろうか。

この問題の回答は、陳述書とは何か、どのようなものかという原点から導かれると思う。

陳述書の意義、機能について諸説がある。ここでは、陳述者が体験した事実を記載した書面であり、主尋問を代用する機能を持っている、と定義しておこう（「民事裁判手続」144頁）。

陳述書が、陳述者が体験した事実を記載したものであることから、陳述者本人の言葉で書かれなければならない。そして、主尋問を代用する機能があるということは、証人尋問を意識して書かれなければならない。

以下、これらの視点で整理してみよう。

なお、今回の陳述書のテーマは、前著「起案添削教室」220頁「答弁書・準備書面編」のお題を参考にした。

2 陳述者の言葉で書くとは

陳述者の言葉で書く、とは何か。

陳述者が民事裁判に通じていたり、文章作成に長けている場合は、本人に書いてもらうこともあるだろう。最近はほとんど見ないが、以前は弁護

士が表紙だけ作って、2枚目以降は本人が直筆している、というものもあった。現実は代理人である弁護士が作成することが圧倒的に多い。そのため、気を付けないと陳述者の言葉ではなく、作成者代理人の言葉になってしまう。

　例えば、代理人にとって日常的な言い方であっても、本人が使わない、知らないような専門的な言葉は使うべきではない。読めない漢字も、使うべきではない。「瑕疵」「契約不適合」という言葉は避け、「欠陥」でよいか確認をすべきである。他方、トラブルに巻き込まれた当事者の中には、インターネットなどで解決策を調べていることが多く、その結果自分で専門的な言葉遣いをマスターしたということも珍しくない。建築紛争における、部位の名称や医療事故における薬、疾患名などである。ただ、それも限度がある。

　NG例でいえば、「廻縁」という言葉を本人が使っているのであれば陳述書でもそのまま書く。他方、「取り合い部分」という言葉は、おそらくわからないのではないか。そのまま使ってしまうと、反対尋問で相手方から「あなたの陳述書に書かれている、『取り合い部分』とはどこを差すのですか。」と突っ込まれてしまう。「廻縁の接続部分」などに言い換える方がよい。

　ときどき、細かいことまで理路整然とまとめられた陳述書が提出されることがある。しかし、親族紛争などで、原告・被告がお互いをよく知っているということであると、相手方から、あの人は高齢で、多少認知症気味のはずだから、こんなに細かいことを覚えているわけがない、と見抜かれることがなる。そして尋問でも、陳述書の内容を再現できるかという点から追及され、最後に「陳述書に書いてあることで覚えていることはありますか。」と質問されると「さあ、もうわすれちゃったね。」などと答えることになる。

　このようなことを防止するためには、依頼者の陳述書を作成するにあたり、普段からよく話を聞くこと、どのような言葉を使っているのか、注意を払うこと、どの程度の事実を覚えているのか、再現できるかテストをしてから陳述書案を作成すること、などであろう。

❸ 依頼者の気持ちをどこまで書くか

　訴訟当事者は、相手方に多かれ少なかれ不満や恨みを抱いている。裁判と関係がないことも、相手がどれほどの悪者なのか、事案を判断する裁判官に知ってほしい、と願っている。要件事実に直接関係ない事実も、間接事実や補助事実として意味を持つことがある。

　ただ、陳述者の気持ちに寄り添い、悪口だけを書いたり、評価のみを書くのはあまり意味がない。まずはそのもととなった事実をきちんと書くべきであろう。

　NG例では、2項でサグラダホームの悪口を縷々述べている。裁判官に悪印象を植え付けようという意図なのかもしれない。しかし、これは本人がそう思ったことであり、客観的な事実が伴わない。この点を主張するのであれば、今回の事件のうちいい加減な対応をされたという事実を抽出して端的に記載すべきと思う。

　また、陳述書の作成時期は、ほとんどが裁判の終盤であり、この時までに主張や証拠が出尽くしている。そうすると、陳述書で何を立証すべきかは確定しているのであるから、それに関係のない本人の気持を過度に書くのはお勧めできない。

　NG例では、4項でビンテージの棚をあきらめたことがかなりの行数に渡り記載されている。依頼者がこの点にこだわっていたとしても、慰謝料を請求するわけでもなく、実害もないのであれば、あえて書かなくてもよいと思う。NG例では、この点に引っ張られてしまい、本来3項で書くべき「追加工事の合意がない。」という点が疎かになってしまった。

❹ 事実の整理……テーマ順か、時間順か

　すでに述べたとおり、陳述書が作成されるまでに主張の応酬があり、証拠が出尽くしているのであるから、争いがあるところ、ないところがはっきりしている。準備書面も争点ごとに作成されているのであるから、陳述

書も争点中心に書く方がよいのではないか、とも思われる。

　しかし、事実は争点ごとに発生するのではなく、時間の経過とともに発生する。そして陳述者の記憶も、争点ごとに整理をされているのではなく、時間の経過に沿って整理されている。このような観点から、陳述書はなるべく時間軸に沿って作成するのがよい。大事なテーマは後で別の項目をたてて取り上げればよいし、そこに陳述者の気持ちを簡潔に入れればよい。時間軸に整理をする＝時系列にそって再度依頼者等から話を聞くことで、事件の起承転結を改めて確認することができるし、今まで聞き落としていた事実が語られることがある。

　もちろん、全ての時間と事実を詳細に書く必要はない。契約の内容であれば契約書に書いてあるだろうし、預金の取引であれば通帳の写しを見ればわかる。工事であれば工程表や作業日報がある。これらの詳細な証拠をつなげるような、大きな時間の流れを陳述書で説明すると、裁判官も流れをつかみやすくなるし、依頼者の記憶喚起にもつながる。陳述書には主尋問の代用機能があるのだから、仮に陳述書を提出せず、1時間くらい主尋問をする場合どのようなことを尋問で明らかにするか、という視点で考えると、まずは事件の流れを時系列で確認しようとするだろう。その程度の流れを陳述書に記載するとよいのではないだろうか。

　NG例では、テーマごとに整理されているため、被告らが原告を批判しているだけに見える。時間で整理すると、6月21日に工事に着手した、その2，3日後には大工同士がケンカをして一人来なくなった、予定された工期である7月30日になっても終わらず、8月10日に突然現場を撤収された、という流れである。この流れを整理するだけで、工期遅延の責任は原告にあるのではないか、ということが読み取れるのである。そうすると、被告らが怒っている、と書かずとも、途中から大工が一人になって、補充もなく、期限も過ぎているのに家の中で朝からトンカントンカンされれば、怒るのは当然だろうな、と理解することができる。

　一通り時系列で整理をしたら、個々の論点ごとに陳述者が体験した事実をまとめていくという作業に入るとよい。

❺ 不利と思われる事実も書くべきか

　NG例では、8月10日に大工が現場を放棄した理由が書かれていない。OK例には、被告が「いつまで工事をしているんだ。」と少し強い口調で言ったらケンカになったとある。ここだけ見ると、最初に文句を言ったのが被告であるため、この事実はあえてこちらから言わない方がよさそうである。依頼者からも、「こっちから不満を言ったことは言わない（書かない）方がいいですか。」と尋ねられることがある。

　この取捨選択は、相手方が反対尋問をする可能性があるかを考えればよい。同じ場面を原告、被告が共有しているのであれば、こちらが認識していることは相手も認識しているのであり、こちらが主尋問で都合のよいことだけ説明しても、相手は反対尋問で確認をするだろう。そのリスクを常に考え、主尋問をすべきであるし、主尋問の代用機能を有する陳述書へ記載する内容も吟味しなければならない。

　法的に見ると、仕事が完成したか否かは客観的に判断されるものであり、陳述書や尋問の成否により決まるということは考えられない。そうであれば、この点で殊更有利な事実だけを強調し、後の反対尋問で集中砲火を浴びるよりは、最初から真実を明らかにするという姿勢で臨んだ方がよいのではないか。陳述書に書いたことは、反対尋問に曝される可能性が常にあることを心にとどめておこう。

OK例　時系列と争点を意識した陳述書

1　私の夫は、サグラダホームに自宅のリフォームを注文しました。契約をしたのは令和4年6月15日で、この時は私の自宅で夫と私、営業担当の佐倉さんが打ち合わせをして契約書を作成しました。私は、リフォームの一切を夫から任されており、また工事にも立ち会っていたのでそのことを述べます。

2　サグラダホームは令和4年6月21日に工事を始めました。工事は7月30日までの予定でした。私は日中自宅にいたので、大工の仕事ぶりを時々見ていました。はじめ、大工が年配の人と若い人の二人で来て仕事をしていたのですが、年配の方が若い人を怒鳴ったりしていて、2, 3日後には若い人が来なくなり、その後は年配の大工が一人で仕事をしていました。私が休憩の時にお茶を出すと、年配の大工は「最近の若いのは叱られるとすぐにいなくなる。」「次の現場があるから大変だ。」などとぼやいていました。

　　そして、7月30日になっても工事は終わりませんでした。

3　8月10日、夫が大工に「いつまで工事をしているんだ。」と少し強い口調で言ったら、大工が「こっちだって予定を変更してやっているんだ。それにもうほとんど終わっているんだよ。」と言ってけんかになったのです。

　　大工は佐倉さんに電話をし、昼前にビニールシートを取って撤収しました。そして夕方、佐倉さんが自宅に来て、「工事終了です。」と言って請求書を持ってきました。そこには、本体の工事費の他に、追加契約書がありました。追加契約書は2通あり、サグラダホームの印鑑が押してありましたが、夫はサインをしていません。印鑑も押していません。

4　その後、私はリフォームした個所を確認してみました。すると、壁紙がはがれていたり、北側の廻縁の角に隙間があったり、キッチンの背面の棚に傾斜があるなど不具合がありました。

不具合の部分は、次のとおりです。

　（以下略）

　私は、８月中旬に佐倉さんに電話をかけ、修理をするよう伝えましたが、佐倉さんは、工事は終わりましたから、の一点張りで取り合ってくれませんでした。

5　サグラダホームが追加工事と述べているものについて、説明します。

（1）　システムキッチンについては、私は佐倉さんと打ち合わせをし、佐倉さんから「この中から選んでください。」と言われたので、見本の中から白いものを選んでボールペンで丸をしました。このタイプは棚が付属しないので、私たちは下北沢にあるビンテージ家具の店に行き、部屋に合う棚を注文しました。

　　　ところが、納品されたものが赤いもので、びっくりして佐倉さんに連絡をしたところ、「すみません、すぐに白に交換をします。」と言いました。ところがその次の日、佐倉さんから「同じ型の白は欠品です。白でご用意できるのは一つグレードが高い型になりますが、いいですか。」と言うので、私は、当然差額は向こうが負担すると思いましたので、「いいですよ。」と言いました。差額についての話もありません。なお、この型は棚が標準でついてくるので、私たちはやむを得ず下北沢の家具屋の棚をキャンセルしました。

（2）　（以下略）

裁判官からひとこと

Case 1 について……

❶ 争点関連事実の記載は充実させるべし

　陳述書は、書証すなわち証拠の一つである。陳述書は、陳述人（作成者）の認識ないし思うところをそのまま記載すればよいというものではなく、依頼者である当事者本人が勝訴判決を得ることに寄与するだけの証拠価値を有する文書となるよう、仕上げなければならない。

　そのような観点からすれば、陳述書を作成するに当たっては、当該事件の争点が何かを意識し、裁判所に対し、各争点について依頼者が主張するどおりの事実を裁判所に認定させるような内容に仕上げるべきものといえる。

　さて、Case1の争点は、①仕事が完成したか、②追加工事について契約が締結されたかの2点であるところ、NG例は、2つの争点について、一体どの部分を読めば被告の主張に沿った心証を得られるのかが、理解しにくいものとなっている。本件は請負代金詐取の事案ではないから、社長がスペインで建築を学んだ等の「誇大宣伝」の件は争点とは直接関係のない事項であり、ビンテージの棚をキャンセルした件も同様である。

❷ 陳述者が口頭で再現できる言い回しで

　❶で述べたとおり、陳述書は証拠の一つである。そして解説❶で論じられているとおり、陳述書には主尋問を代用する機能があることから、被告の妻が証人として出廷した際には主尋問で証言することとなる内容が記載されて

いることが望ましいのであって、解説❷のとおり、陳述者の言葉で書くべきものといえる。これをせずに陳述者自身が理解していない専門用語を並べた場合に、反対尋問で信用性が崩れていく代表的なパターンも、解説❷で論じられているとおりである。

❸ 感情論を盛り込むことは、原則として避けるべき

　陳述書に、陳述者の感情に関する事項を一切書いてはならないことはない。とりわけ、慰謝料請求の事案であれば、被害者（通常は原告本人）の陳述書には、被害を被ったことでどれほど苦しみ、どれほど悔しい思いをしてきたかは、正に慰謝料の金額に関連する事実であるので、記載すべきである。ただし、慰謝料の額もあくまで生活における不都合の程度に着目して算定されるものであることから、不都合に関する具体的「事実」を盛り込むことを心掛けるべきである（「民事裁判手続」161頁～162頁）

　慰謝料請求を含まない事案の場合において、陳述者の感情を陳述書に書く意味はどこにあるのだろうか。それが合理的な理由に基づく場合には書いても差し支えないということになろうが、感情が認容金額を左右する事案でない限り、合理的な理由は見出し難いであろう。陳述者が当事者本人又はその同居の親族である場合には、陳述者が相手方当事者に対してかなり強い悪感情を抱いていることが少なくないが、訴訟手続に精通していない当事者本人及びその近親者には、勝訴判決を得るための方策として、相手方当事者本人が「悪い奴」であるということを裁判官に理解させるのが有益であると考えている人が少なくない（私は、「民事裁判手続」166頁にて、貸金請求事件で原告代理人が、被告本人が飲食店で備品を壊してばかりいる「悪い奴」であり、そのような被告本人の主張は信用できないことを明らかにしたいとして、飲食店の従業員を証人申請してきた例を紹介した。）。

　訴訟の勝敗は、あくまで争点となっている要件事実についての存否の判断で決まるものであり、当事者本人の人間性も無関係とはいわないが、間接事実として考慮する程度は高くない（というより、これに重きを置くことは「両当事者を人格面で比較する」ことにつながるので、避けるべきと思う。）。陳

述書の作成に当たっては、その点を是非当事者本人及び近親者に説明して、相手方本人が「悪い奴」であることを立証できれば裁判に勝てるのだという概念を払拭させていただきたい。

　加えて、相手方本人及びその近親者に対する非難に終始するような陳述書は、要件事実の存否では勝負にならないのでこのような陳述書を作成してきたのではないかと、疑問を抱きたくなることが少なくないのであり、感情論を多々盛り込むことは、むしろ裁判所の心証形成において不利になるおそれがあることに注意されたい。

❹ 陳述書は事実を裏付ける歴史物語で

　古代ローマの法格言で、「汝は事実を語るべし。余は法律を語らん」というものがある。当事者は裁判所に対し、具体的事実とそれを立証するための証拠を提出するのであり、当事者の職責は、基本的には「事実を語る」ことである。そのような観点からすれば、事実を裏付けるための証拠の一つである陳述書は、裁判所に事実を認定させることを目的とするものであるから、法律的観点については、極端な言い方をすれば捨象してもらって差し支えないというべきであろう。

　私自身は、陳述書は「歴史物語」のように、古いことから直近のことまで、時系列的に記載してもらうのがよいと考えている。淡々と、時間が経過するにしたがって何が生じたのかを記載してもらうと、読む側も理解しやすい。

　この考え方からすれば、陳述書は争点中心に書くべきではないという結論につながるように見え、上記❶で、「陳述書を作成するに当たっては、当該事件の争点が何かを意識」すべきと述べたことと矛盾するのではないかという意見が出てくることが想定されるが、❶では、「裁判所に対し、各争点について依頼者が主張するどおりの事実を裁判所に認定させるような内容」にすべきと述べたのであって、そのことと、時系列に沿って記載することとは相容れないものではないと考える。すなわち、2つの争点が存在する事件において、一連の事実の経過は、①1月にAという出来事があり、②3月にBという出来事があり、③5月にCという出来事があり、④7月にDという出

来事があり、⑤9月にEという出来事があるとして、第1の争点に関係するのはA、Dの2つの出来事であるのに対し、第2の争点に関係するのはB、C、Eの3つの出来事であるといった場合、争点ごとに関係事実を記載するとなれば、第1の争点に関するAとD、次に第2の争点に関するB、C、Eといった順に記載していくこととなるが、読む側からすれば、A、B、C、D、Eという出来事が生じた順番に書いてもらったほうが読みやすく、事実そのものの理解はそのほうがスムーズにいくのではないだろうか。

その上で、争点を意識した陳述書を作成するとなれば、A、B、C、Dまでの記載を進めた段階で、「なお、Bの出来事が、たった今述べたD、そしてこれから述べるEの出来事に関係してくることになり、第2の争点における自分の側の主張につながっていくのです。」といった類の文を、入れ込んでおけばよいのではないだろうか。ただ、どのような文をどこに入れ込むと裁判官が理解しやすくなるのかは、一概にいえないところであり、陳述書を作成する代理人の腕の見せ所というべきであろう。

5 真実を包み隠さずに

「不利と思われる事実」とは、争点について、相手方当事者の主張に係る事実の存在を窺わせる事実又は自身の主張に係る事実が存在しないことを窺わせる事実を意味しているものと考えて、論を進める（なお、特定の事実が自分に不利になるかどうかについて、明確な基準があるわけではない。）。

主張整理の段階で、自身にとって不利な事実の存在が明らかになっており、当該事実を認めているのであれば、陳述書にそれを書いても証拠状況に何も変化が生じるものではなく、書いても問題はない。むしろ書かないと、「この場に及んで不利な事実にあえて触れないようにしているのではないか。」と勘繰られてしまう可能性もある。解説❺にあるところの「殊更有利な事実だけを強調し、後の反対尋問で集中砲火を浴びるよりは、最初から真実を明らかにするという姿勢で臨んだ方がよいのではないか。」という部分は、根本的には私の考えとつながっているように思う（とはいえ、争点整理で争っていなかった不利な事実を陳述書に記載しなかったとしても、「今更書く必

要がないと考えて落としたのだろう。」と理解されることが多く、記載しなかったことが裁判所の心証形成に不利に影響することは、ほとんどないように思われる。）。

なお、解説❺に、「相手方が反対尋問をする可能性があるかを考えればよい。」とあるが、私としてはそのように考えたことはなかったところであり、この部分を読んで目から鱗が落ちるような思いがした。

❻ 裁判官の立場ならではの一言

あくまでも一般論であるが、争点となっている要件事実の存否を判断し、事案の真相を見極めようとしている裁判官の立場からすれば、当事者が、早期の段階から真実を明らかにしようと努める姿勢、換言すれば、自分に不利なことも包み隠さず明らかにしようとする姿勢は、好印象を与え、陳述書、ひいては尋問における証言ないし供述の信用性が高いという心証形成につながりやすいということは、「一応」いえるところである。

陳述書でも、尋問でも、特定の事実を殊更に隠すようなことはしない方がよい。訴訟は、実際にあった事実を実体法規に当てはめた結果、勝つべき当事者が勝ち、負けるべき当事者は負けるのである。

とはいうものの、これは裁判官だから言えることであり、依頼者との間で有償契約を締結して訴訟手続を追行している弁護士としては、建前はともかく、本音の部分ではすんなり同意できないところがあるのではないか。ただ、弁護士は紛争を解決して社会正義の実現を目指すことを職責とするところでもあり、その点を踏まえて、是非とも真実を明らかにすることを心掛けてほしい（ただ、ここにいう「真実」とは、裁判官の立場では客観的真実であるのに対し、依頼者から手続を委任されている弁護士の立場では、依頼者が真実だと述べている主観的真実ということになるのであろう。）。

Case ⚖ 2

目撃者の陳述書

📄 お題：目撃者の陳述書をどのように 扱うべきか

　原告花子から被告太郎に対する離婚訴訟で、花子は、太郎から暴力を受けていたことを離婚原因として主張し、エピソードとして令和4年5月5日に友人家族と一緒にキャンプに行った際、太郎とケンカになり、焼そばを作っていた太郎から鉄板に溜まっていた熱い油を箸で振りかけられて腕に軽いやけどをした、と主張している。太郎は、油がかかったのは認めるが、野菜を投入したらたまたま油がはねただけであり、過失にもならない、ケンカもしていない、と言って否認している。

　花子側から、友人の陳述書が提出された。あなたは太郎の訴訟代理人として、どのような対応をすべきか。

NG例　この陳述書に対する意見は？

私たちの家族は、令和4年5月5日に、太郎さん、花子さんのご家族と一緒に千葉県にあるせせらぎキャンプ場にキャンプに行きました。
この時、花子さんは太郎さんから、鉄板の油をかけられていました。
以上、陳述します。

令和5年8月1日

三田洋子　印

Case② 目撃者の陳述書

❶ 第三者から陳述書を得るのはハードルが高い

　これまで述べたことは、目撃者など第三者の陳述書を作成するときでも共通する。ただ、当事者でない第三者が裁判に協力することは稀である。まず、第三者と弁護士が面談することができるか、という関門がある。自分の職業を卑下するつもりはないが、経験上、自分が困っていなければ弁護士と会って話をしたいという人はなかなかいない。なにか厄介なことに巻き込まれるのではないかと警戒されるのである。

　次に、会って話を聴き、陳述書の原案を作成しても、これにサインをしてもらうことや裁判所に証拠として提出することの同意を得ることは難しい。陳述書を提出することは、常に証人として証言をする可能性があるのであるから、私は、仮に和解ができないときは証人として証言をお願いするかもしれません、ということを説明して、そこまで納得してもらってから陳述書を提出するようにしている。ここまで承諾してくれる第三者は、ほとんどいない。

❷ 第三者から提出された簡潔すぎる陳述書

　ところが、相手方からCase2のような簡潔な陳述書が提出されることがある。まず、陳述者はこの書面が裁判所に提出されることを承知しているのだろうか、裁判で証言する覚悟があるのだろうか、という疑問が浮かぶ。それはさておき、この争点は、油を意図的にかけるという行為を見ていたか否かである。しかし、この陳述書は「かけられていた。」と言っているだけで、具体的にどのような経緯で、どのような態様であったのか、そもそも目視したのかについて、全く触れられていない。

これを見て、二つのことが考えられるだろう。

まず、原告が三田さんを証人申請しない場合。被告からあえて申請をすべきか。

本当は見ている可能性もあるので、藪蛇にならないか心配である。他方、陳述書で言われっぱなしも後味が悪い。

裁判官は、三田さんから直接話を聞きたいと考えるのだろうか。

この扱いについて、裁判官はどのように考えるのだろうか。

次に、この三田さんについて証人の決定をしたが、三田さんが出廷拒否をした場合。

裁判官は証人決定については取消をすることになるだろうが、この陳述書についてはどう評価するのだろうか。

これらについて、柴﨑裁判官からご意見をいただきたいと思う。

❸ OK例が事実だとしたら、陳述書を提出すべきか

あなたが原告代理人として、三田さんから事情を聞いた上で、陳述書としてOK例のようなものが出来上がったとしよう。さて、これを証拠として提出するべきだろうか。

三田さんが事情を話してくれたり、証言をすると覚悟を決めて協力してくれるのはとてもありがたいが、故意に油をかけたかという点について目視していないことがはっきりしている。そうであれば、陳述書を出すまでではないだろうし、証人申請をしても、必要なしとして却下される気がする。

とはいえ、花子さんの気持ちを考えると、簡単に切り捨てるのも難しい。提出する場合も、見合わせる場合も、状況と見通しをきちんと説明をし、依頼者と代理人間の認識に齟齬が生じないようにする必要がある。

○K例 この陳述書、証拠提出する？しない？

私の夫は、太郎さんの大学時代の同級生です。

私たちの家族は、令和4年5月5日に、太郎さん、花子さんのご家族と一緒に千葉県にあるせせらぎキャンプ場にキャンプに行きました。

私たち家族は小学生の子どもが二人、太郎さんと花子さんは幼稚園の子どもが一人いますので、総勢7人でキャンプをしました。

キャンプ場には午前10時に待ち合わせをしました。

ついてから、子どもたちは川で遊ぶということになったので、私たち夫婦が子ども3人の面倒を見て、太郎さんと花子さんはバーベキューの準備をすることになりました。

子どもたちは川で遊んだあと、着替えをすることになりました。そのため、私がタオルを取りに駐車場に向かったのです。その時、太郎さんと花子さんのそばを通りました。太郎さんは野菜をいためていたようです。ただ、二人は鉄板を挟んで言い合いをしていました。私は気まずかったので目をそらせて通り過ぎようとしました。その時、花子さんが「熱いじゃないの、何するの。」と叫んだので、思わず振り向くと、今度は太郎さんが「何もしてねえよ。そんなとこに立っているのが悪いんだろ。」と言いました。花子さんは「わざとかけたでしょう。」と言って腕を押さえており、太郎さんは菜箸を持っていたので、私は、太郎さんが鉄板の油を箸でちょんと飛ばしたのだろうと思いました。

以上、陳述します。

令和5年8月1日

三田洋子　印

裁判官からひとこと

Case **2**について……

1 簡潔すぎる陳述書の第一印象と、それに続く思いは

「何じゃこりゃ〜。」（有名なテレビドラマにあったセリフである。）これが、NG例を読んだ時の第一印象である。花子が太郎に油をかけられた時の具体的状況はおろか、その前後の一連の状況について何も書いてないではないか。

その上で推測を続けていくと、「三田は、花子及び代理人に対し、この程度のことしか打ち明けてくれなかったのかもしれないなあ。」と考えるに至り、更に勘ぐれば、「三田は、花子か代理人にしつこく頼まれて、仕方なく、あらかじめ作成されていた陳述書に署名押印（又は記名部分に押印）しただけではないのか。」といった想像にまで至ってしまう。解説❶にあるとおり、第三者から陳述書の作成、場合によっては証人としての出廷について協力を得るのは困難であることから、こんな陳述書しか用意できなかったのかも……。

2 簡潔すぎる場合に陳述者を採用するか

これほどまでに簡潔すぎる陳述書では、太郎が花子に対して意図的に鉄板の油をかけた事実が存在したとの心証を形成することはできない（太郎が、油が花子にかかったことを争っていなければ格別、もしかかったこと自体を争っていた場合には、油が花子にかかったという客観的事実を認定することも、この陳述書だけでは無理であろう。）。その様子が具体的に記載され、読

めばその場面が浮かび上がってくるような陳述書でなければ、それ自体、証拠としての価値はない。

　このような陳述書が提出されてきた場合に裁判所はどうするか？　他の裁判官の考えはわからないが、私であれば、まず、花子の代理人に対し、これだけでは太郎が花子に対して鉄板の油をかけたとの認定はできない、その旨の認定をしてほしいのであれば、より詳細な事実経過が記載されている陳述書を改めて提出するか、陳述者である三田の尋問をして、より詳細な事実経過について証言してもらうことが必要になる旨を告げることになろう。ただ、花子の代理人が、「三田さんは陳述書に書かれていること以外には何も知らないし覚えていないと言っています。」と言ってきたならば、追加の陳述書を提出させる意味はなく、三田の証人尋問をする必要性もないということになる。

　ただ、これに対し、太郎の代理人が、「いや、三田さんは『熱いじゃないの。』、『何もしてねえよ。』の言い合いの瞬間だけではなく、僅かではありますが、その前後の言い合いも目撃していましたから、時間が経って忘れている部分は多少あるとしても、何にも知らないということはないはずです。是非証人尋問をさせてほしい。」と言ってきたらどうするか。果たして三田がどの程度二人の言い合いを目撃していたのかは、三田を問いただしてみないとわからない。この場合に、「三田を採用して尋問しても大した話は出てこないから無駄だろう。」と考えて採用しないという裁判官もいるであろうし、「無駄に終わるかもしれないが、何か有益な話が聴けるかもしれないので採用してみよう。」と考えて採用する裁判官もいるであろう。私であれば後者の立場をとり、花子の代理人に対し、三田を採用する方針である旨を伝えて、出廷してもらえるかどうかの打診を頼むことになると思われる。そして、出廷してもらえるということになれば、花子側から三田について証人申請してもらうこととなるが、出廷してもらえそうにないとなった場合、証人は本人と異なって裁判所が職権で採用することができないため、花子側に証人申請（口頭による申請でもよい。）をしてもらった上で（太郎側が積極的に尋問を希望する場合は太郎側に申請させることもある。）、三田に呼出しをかけることになろう（三田が呼出しに応じるかどうかは、何ともいえないが。）。

なお、太郎の側から三田についてあえて申請をすべきかどうかについては、裁判所の側から肯定・否定の意見を述べ得るものではなく、太郎の側において、三田の陳述書の内容を検討しもらい、申請するかどうかを決めるべきものという外はない。

❸ 「この陳述者を採用するか」よりも「誰を採用するのがよいか」

　裁判官としては、何が真実かを見極めるための有益な証拠を得たいという観点から、人証の採否を決めるのであり（文書送付・調査嘱託、鑑定等の他の証拠方法の採否についても、それが有益か否かで判断する。）、三田以外にもっと当時の事情を詳しく知っていると思われる人物がいればその者の陳述書の提出や証人尋問を求めるが、有益な人物がいないのであれば、僅かな可能性に賭けたいところである。

　つまり、特定の陳述書を読んで、その内容のみから陳述者の採否を決めるのではなく、他の陳述書をも検討した結果、陳述書の数だけ存在する陳述者の中で、誰を尋問すれば有益な証言が得られるであろうかを予測して、採否を決める。しかしながら、有益な証言をしてくれそうな人物が見当たらない事件も少なくなく（特に、民法770条1項5号の規定に基づく離婚請求事案の場合、家庭内の出来事を直接目撃している第三者が存在することは極めて稀である。）、Case2のようにその場に居合わせた人物が一人しかいなければ、その者の陳述書のみを検討して陳述者の採否を決めるしかない（なお、「唯一の証拠方法の原則」に照らし、「唯一の人証」は採用すべきであろうとの点については、「民事裁判手続」159頁及び167頁を参照されたい。）。

❹ 陳述者を尋問していない陳述書の価値は、ゼロを僅かに上回るのみ

　これまで論じてきたところは、陳述書の内容があまりにも簡潔すぎる場合に陳述者を証人として採用するかどうかの問題であった。これとは別に、記載内容が簡潔か否かとは関係なく、陳述者（作成者）の反対尋問を経ていない陳述書の証拠評価をどのように考えるべきかは、よく質問されるところで

あるが、弁論の全趣旨と同程度の証明力しかないものと考えればよく、他の証拠から認定できる事実を補完する役割を担う程度の意味しかない（この点については、「民事裁判手続」162頁及びそこに引用した文献を参照されたい。）。

　陳述者について採用決定をしたものの出廷を拒否され、採用決定を取り消した場合も、同様に考えるべきである。ただ、一旦は出廷すると述べていたにもかかわらず、その後態度を翻したのは何故だろうと考えてしまう。そして、大抵の場合は、陳述書の内容が陳述者の認識を必ずしも正確に反映しておらず、陳述者もそのように考えていることから、反対尋問で「吊し上げを食らうことによって」陳述書が正確ではないことを白状させられたり、場合によっては偽証罪に問われたりするのが嫌だから、最終段階に至って尻込みしたのだろうと思い至ることとなろう。ただ、これはあくまで推測でしかないところであり（他の証拠から裏付けられれば別であるが、そのような点を裏付ける証拠が提出されることはまずない。）、事実認定の理由に用いるのは無理と思われる。

　なお一つ付け加えておくと、陳述書が弁論の全趣旨と同程度の証明力しかないということは、提出者の主張事実の存在を積極的に否定する（認定を妨げる）ものではない。Case2でいえば、三田の陳述書をもって、花子の主張事実（太郎が油を飛ばしたとの事実）を認め難いという心証を形成させるものではないのであって、三田の陳述書の証明力は、ゼロを僅かに上回るにとどまり、決してマイナスに作用するものではないことに注意されたい。もっとも、その程度の陳述書しか提出できないという事情から、花子の側においては積極的に立証する方策がないことが推認されて、太郎が意図的に油をかけたとの事実を認定することができないという心証形成につながることは十分考えらえるが、それもあくまで、他の証拠の存在及びその証明力を併せて考慮した結果である。

5 陳述者がポイント部分を認識していない場合

　争点となる事実そのもの、あるいはその存否に関する重要な事実について、

実は陳述者が認識していないことが明らかな陳述書を提出すべきかどうかについては、出してはならないということはない。事案と全く無関係な内容しか記載されていない陳述書や、相手方当事者の触れられたくない過去（前科や、性犯罪の被害者になったことがある等）を書き並べた陳述書のようなものは、採用しないこともあろうが、書証の取調請求を認めないようなケースはほとんどないといってよい。

　Case2のOK例についていえば、故意に油をかけたかという点について目視していないという以上は、当該部分については尋問しても意味がないといえるところである。

　ただ、三田はその場に居合わせたことは間違いなく、三田は、花子の代理人に対して打ち明けていない事実を認識しているのではないか、三田を尋問すれば何か有益な事実が聴きだせるのではないかという期待を持ちたくなるところがあり、油をかけた点については証言を得られなくても、何らかの有益な証言か得られることを期待して採用することも考えられなくはない。具体的には、太郎が反駁したのに続いて、花子が何か言い返したのではないか、それに対して太郎は再度反駁したのではないか、それらの発言の具体的内容はどのようなものであったかというところである。

　もっとも、❷で論じたように、花子の代理人が、「三田さんは陳述書に書かれていること以外には何も知らないし覚えていないと言っています。」と言ってきたならば、これはもう採用する必要はないといえる。

❻ OK例から得られる心証について

　さて、三田を尋問してみたもののOK例を越えた証言は何も出てこなかった場合、このOK例からはどのような心証が形成されることになるかについても、一言触れておこう。

　OK例には、「何もしてねえよ。そんなとこに立っているのが悪いんだろ。」と太郎が言ったことが明示されている。花子に言わせれば、太郎は故意に油を飛ばしたにもかかわらず、嘘をついているということになろうが、太郎の発言が虚偽であることを裏付ける証拠が他にあるのだろうか。

人の発言は、大半は真実（発言者が真実と信じている主観的真実）をそのまま表現したものであって、積極的に虚偽を述べることは（程度の差はあろうが）多くはない。訴訟手続においては、経験則がものをいうのであり、通常であれば生じないであろうことがこの場面では生じたのだということを裁判官に認定してもらうためには、その分、特別な証拠の追加提出が必要ということである。

　太郎が、実際には意図的に油を飛ばしていたにもかかわらず、「何もしてねえよ」と言う可能性が全くないわけではないが、太郎が嘘をついたと認定するためにはそれを裏付ける別の証拠が必要であり、三田の陳述書のみをもって、太郎が意図的に油を飛ばしたとの事実を認定することは、困難というべきであろう。

LESSON 3

主尋問の
NGをなくそう!

Case 3

争点が多岐に渡る事件の主尋問

📋 お題：余計なところでつまずかないために

　LESSON2のCase1で取り上げたリフォーム工事で、被告訴訟代理人の立場で被告の妻の主尋問をしてみよう。

　原告（施工会社）は請負代金支払請求をし、被告は工事に不具合があり、手直しがないため、支払を拒んでいる。

　未完成部分は、

①１階LDKの壁　西側ドア付近のクロスに剥離が生じている。

　　　　　　　　北側廻縁の角の取り合い部分に隙間が生じている。

②１階LDK　キッチン背面　取り付けた棚が11度傾斜している。

など多数に上る。写真と図面で特定されている。

　追加工事部分は、次のとおり。

①システムキッチン　ウィザードMX－7（W）から上位機種のMX－8に変更した。

②床下工事　システムキッチン撤去の際に、水漏れにより柱が腐っていたため、補修工事をした。

③和室の天井　１階和室の壁を左官工事で仕上げた後、天井は化粧板を貼ったが、その後天然無垢版に張替えた。

④１階トイレ便器　ナイアガラRS－Ⅲ（W）を設置したが、その後せせらぎピュアT－2（W）に変更した。

　陳述書（乙8）があることから、主尋問は30分、反対尋問は30分とされている。

被告代理人	乙8号証を示します。これはあなたが書いたものですか。……①
証人（被告の妻）	いいえ。
被告代理人	え、では誰が書いたのですか。……②
証人（被告の妻）	先生が書いたんでしょ。私こんなにパソコン使えませんから。
被告代理人	いや、そういうことじゃなくて……。では、この乙8号証の末尾にある、署名と押印は誰のものですか。……③
証人（被告の妻）	それは私のです。
被告代理人	そうすると、この乙8号証はあなたが私の事務所に来て、内容を確認してサインをしたということでいいですか。……④
証人（被告の妻）	いいえ、これは郵便で先生が送ってくれたものです。返信用封筒が入っていなかったので、私自分で封筒と切手を買いに行きました。
被告代理人	とにかく、この内容についてはあなたが自分で確認したものとして間違いないですね。……⑤
原告代理人	異議あり。誘導尋問です。陳述書の作成の経緯について、誘導せずに質問してください。
裁 判 官	証人にお尋ねします。乙8号証の内容を読んだことがありますか。
証人（被告の妻）	はい。
裁 判 官	書かれていることに間違いや違和感はありますか。
証人（被告の妻）	いいえ。それはないです。
裁 判 官	被告代理人、続けてください。
被告代理人	今回、原告会社はリフォーム代金を請求していますね。

	どうして支払わないのでしょうか。……⑥
証人（被告の妻）	それは、まず工事が終わっていないからです。
被告代理人	どこが終わっていないのですか。……⑦
証人（被告の妻）	どこって、全部ですよ。
被告代理人	一つ一つ確認していきます。まず、１階部分ですが、不具合はわかりますか。……⑧
証人（被告の妻）	とにかく和室の天井で、安っぽいビニールクロスの化粧板を貼られました。あと、トイレの便器に欠陥品を入れられて、音がすごかったので、すごく不便な思いをしました。これは交換してもらいました。
被告代理人	ちょっと待ってください。和室の天井とトイレの件は、追加工事ですよね。本体工事で未完成部分について、聞いているんです。質問をよく聞いてください。……⑨
証人（被告の妻）	私は質問を聞いていますよ。１階の不具合っておっしゃるから、説明をしたのです。
被告代理人	では、１階のリビングについて教えてください。原告会社の施工で、不具合はありましたか。……⑩
証人（被告の妻）	え、リビングそのものに不具合はないと思いますが。
被告代理人	記憶喚起のため、乙３号証の写真と図面を示します。この写真①は、どこの場所ですか。……⑪
証人（被告の妻）	リビングのドアですね。
被告代理人	ここの写真の壁にね、うっすら線がはいっている。これは不具合で……。……⑫
原告代理人	異議あり。誘導尋問です。
被告代理人	その場所に写真のような剥離があることは、争いありません。
原告代理人	証人は剥離があることを認識していない可能性があります。そうであれば、不具合とはいえなくなります。
裁　判　官	質問のしかたを変えてください。

Case③ 争点が多岐に渡る事件の主尋問

❶ 主尋問……失点を防げ

　LESSON1で指摘したとおり、尋問では無理をしない、失点をしないということが大切である。尋問での失敗は、反対尋問で突っ込みすぎて墓穴を掘る、返り討ちに遭うということもあるが、それよりも主尋問で多く発生する。主尋問の失敗例を以下に挙げてみよう。

　ア　質問が証人や本人に伝わらず、予想外の証言・供述が出てきて混乱する。
　イ　陳述書に記載されていることを順番に聞いているだけで、無意味。
　ウ　陳述書と違う証言・供述が出てきて反対尋問で突っ込まれる。
　エ　誘導ばかりして、異議が出される。

❷ スタートが肝心！　定型化しよう

　NG例では、冒頭から思いっきりつまずいている。これは質問をする弁護士と、質問を聞いて回答する証人の意識の差が原因であろう。法律家は、陳述書の作成名義人は最後に署名・押印をした陳述者であるから、弁護士が下書きをした陳述書でも、完成されたものの作成名義人は陳述者、と理解している。ところが、一般の人は、作成したのは弁護士で、自分は署名・押印をしただけだ、と考えるのではないか。この齟齬を意識しないで、「あなたが書いたものですか。」と質問すると、細かい人は、NG例の証人のような回答をする可能性がある。

　主尋問は、尋問される証人や本人が最初に証言台で話をするのであるから、緊張したり、身構えたり、あがったりする。冒頭の質問については、あらかじめ定型化すべきであり、余計なところで紛糾しない方がよい。

例えば、OK例程度に定型化し、事前のリハーサルで、このように質問するので間違いなければ「はい」と答えてください、と打ち合わせておくのがよい。これは主尋問からの誘導尋問にあたるが、文書の作成名義が争われていないのであれば、争いのない事項として許容される。

❸ 異議のねらい

　NG例⑤では、原告代理人が誘導尋問を理由に異議を述べている。確かに、尋問開始後に作成名義に疑義があることが判明したようにも見えるが、この裁判では客観的な不具合があるかどうかが大きな争点であるので、陳述書の細かい作成経緯を尋問で聞いても意味がないだろう。

　原告代理人も、こんなところで異議を出して認められるとは思っていない。ただ、被告代理人を動揺させ、その後の被告主尋問を自滅させたり、厳しく異議を言うぞ、というアピールをしていい加減な証言や供述をさせないという効果はあるだろう。非情・いじわるなようだが、敵失を見逃して後で自陣に攻め込まれてはもともこもない。

　NG例では、裁判官は原告代理人の異議に対する判断をせず、介入尋問をしてさっさと次に進めている。時間がもったいない、とか、こんなところで異議を出しても意味がないじゃないか、とか、被告代理人はもっとしっかりしろ、というぼやきが聞こえてきそうだ。

　さて、皆さんはここで異議を出すだろうか。どちらでもよいと思うが、私なら、多少煙たがられても敵失を誘う点で異議を出すかもしれない。

❹ 許される誘導尋問

　ここで、許される誘導尋問について確認しておこう。

　主尋問では、証人や本人が質問者に迎合しやすいことから、誘導尋問は原則として禁止される。ただ、例外として、争点に関係ないことや争点に入る前の前提事項、記憶喚起をする場合は、誘導尋問は許される。民事訴訟法や規則に規定はないが、刑事訴訟規則（199条の3第3項）が参照さ

れる。

　主尋問を行う側も、異議を出す側も、誘導尋問が許される場合と許されない場合を常に意識して、尋問に取り組もう。

⑤ 尋問で何を立証するか

　主尋問では、何を質問したらよいだろうか。

　基本的な考え方は、すでに陳述書があるのだから、そのうち特に重要な事実や、慰謝料を基礎づける事実など、証人や本人の口から直接語らせた方が心証を取りやすい事項を中心に聞くのがよい。陳述書を1ページ目から最後のページまで一問一答で確認をする必要はない。

　Case3では、尋問時間は、主尋問30分、反対尋問30分と指定された。被告代理人は、工事の不具合を一つ一つ質問しようとしている。しかし、多岐に渡る不具合全てを30分という限られた時間で、一問一答で説明するのは難しい。また、そのような証言や供述を得たとしても、この事件で決定的な証拠にはならないだろう。不具合についてはすでに写真などにより客観的に示されているのである。それよりも、追加工事の有無について、どういう流れで追加工事がなされたのか、その際の費用負担の合意はあるのか、という点を尋問で明らかにする方がよい。私ならば、写真で説明が尽くされている不具合については尋問では触れない。触れるとすれば、不具合によりどのような不便があるかということにとどめる。

　どのような証言・供述を得るのかを考えるにあたっては、すでに提出されている証拠との関係を考えるのがよい。ある立証命題について、写真や書面で立証可能と考えるのであれば、その部分は主尋問では回避したり、その証拠を前提に更に発展させたり、証拠の入手方法など補充するような尋問で十分である。人の記憶や話は写真や書面などの客観的証拠よりも不確かであるのだから、提出した客観的証拠と証言が矛盾するような場面を自らつくってはならない。

　NG例では、一つ一つの不具合を証言により立証させようとしている。これが成功しても益はほとんどない。逆に、一つでも失敗すれば、相手方

に攻め込まれる。NG例では異議が出されているが、異議が出されず、証言が矛盾したまま主尋問が終わっても、相手方の弁護士は見逃さない。証人のウィークポイントだと見切って、反対尋問でそこを追及するということにもなりかねない。

⑥ 異議を出すべきか、出さざるべきか

　NG例の⑫をみてみよう。被告代理人が証人ともたもたしている間に、原告代理人は再び異議を出した。今度の異議も誘導尋問であるが、これまで訴訟の中で不具合だ、と主張されていた壁紙の剥離が、実はほとんど気にも留める程度ではないのではないかという疑いが生じたことによる。これは、不具合の程度や評価に関するものであり、訴訟の結論に直結する可能性がある。

　もちろん、被告本人や証人である妻は、剥離があり気になるからこそ訴訟のテーマにしているのである。もしかしたら、原告代理人は訴訟前から被告や妻から「壁紙を直せ」とさんざん要求されており、当人たちがこのことを気にしていることは原告代理人よりも熟知しているかもしれない。被告代理人の尋問が⑨以降、スムーズでないことを見計らって、更に混乱させようと異議を出したのかもしれない。裁判官も、異議を認めており、証人が不具合個所をきちんと説明できるか、関心を持っているようである。さて、皆さんは、ここで異議を出すだろうか。

　ここで異議を出せば、被告代理人は質問を変更し、その結果時間はかかるがおそらくなんとか立て直すだろう。この場合、被告側の不利益は、尋問時間が無意味な箇所で消費されてしまった、という点である。ここでの異議のポイントは、異議を出すことにより陳述書やこれまでの証言、客観的証拠と異なる証言が出る可能性があるか、ということになる。NG例でいえば、証人は誘導なしでも不具合を説明できる可能性が高いか否かである。誘導がなければ不具合を説明できないと思うのであれば異議を出すことはよいと思うが、そうでなければあまり意味がない。また、この点を後で反対尋問として突っ込んでみようと思うのであれば、主尋問で異議を出

さず、そのまま泳がせておく方がよい。更に、反対尋問で崩せればよいが、反対尋問をしても逆に証言を固めてしまう恐れもある。それを見極めるために、異議を出して主尋問での証言をさせてみる、という狙いで異議を出すということもある。

　さあ、思考が二転三転してしまった。以上を簡単にまとめると、次のようになるだろう。

　　ア　異議を出す…………被告代理人を混乱させるため

　　イ　異議を出さない……反対尋問で利用するため

　　ウ　異議を出す…………反対尋問すべきテーマかどうかテストするため

　このように、原告代理人は、NG例の⑧とその回答を聞いた瞬間から違和感をもって注意深く尋問を聞き、⑪の質問を聞いた時に「被告代理人は困って誘導するだろう。」と想定し、上記ア、イ、ウを考え、⑫の質問を聞いた瞬間に結論を決めて異議を出すなら出す、ということになる。私であれば、反対尋問すべき内容か確認するために、ウで異議を出すだろう。

　そんなに都合よくできるのか、と疑問に思うかもしれない。しかし、これまでの記録などが頭に入っていれば、尋問の展開は十分予測可能である。もちろん、やみくもに異議を出す必要はない。

❼　争点がたくさんある……質問の「枠」をはめよう

　さて、そもそもNG例で⑫の尋問で突っ込まれたのはなぜだろう。それは⑧の尋問で、質問の対象を絞っていないからだ。被告代理人が不具合のことを質問したのに、証人が勘違いをして回答をしたところに端を発する。これは、被告代理人が、「不具合＝クロスの剥離、廻縁の取り合いの隙間、キッチン棚の傾斜」「追加工事＝１階和室天井の張替え、トイレ便器の交換」と整理しており、それを前提に質問をしたことによる。このような整理は、これまで準備書面や証拠の応酬をしてきた原告代理人やそれを検討してきた裁判官には自明のことである。しかし、訴訟関係者にとって自明であることが、証人や本人に自明であるとは限らない。本人が、全てが「不具合」であり、それを直すために「追加工事を求める」という整理をしている可

能性もある。

　問題は、どちらが正しいかということではない。証人尋問で、質問者は自分の質問を回答者にきちんと伝えなければならない、ということである。そのため、論点が多岐に渡る場合は何について質問をしているのかを理解させるべきであるし、それが曖昧なまま先に進むべきではない、ということである。

❽ 論点がたくさんある……全てに触れる必要はあるか

　Case3のように、論点が多岐に渡る場合、主尋問で全て証言させなければならないのだろうか。

　時折、「これは不具合ですか」「はい」「これも不具合ですか」「はい」と、一つ一つの争点を早口でひたすら確認し、それで主尋問終了、という尋問をしている代理人を見かける。対岸に控えているこちらとしては、一つ一つ確認するのか、と意外に思うし、ほぼ全てが誘導尋問なので、異議を出そうか、と考えているのだが、全部が誘導で、しかも一つ一つの質問が深まらないので、毒にも薬にもならないし、後で調書を読んでも全部「はい」しか書かれていないのだから、心証は取れないだろう、と思って黙ってみていることが多い。

　相手の代理人は、陳述書で書かれたものは全て証人や本人の口から説明をしなければ、立証したことにならない、という考えでいるのだろう。中には、主尋問で一つ一つ聞いて、反対尋問でこちらがあれこれ追及した後、再主尋問があるというので、さすがに反対尋問でやりすぎたか、再主尋問でフォローされるな、と思って聞いていると、「先ほど主尋問で聞き忘れましたが……」と言って主尋問の続きをやろうとする弁護士がいて驚いたことがある。

　そもそも、陳述書が主尋問の代替機能を果たしているのだから、陳述書の記載を全て主尋問で言及する必要はない。証人尋問は、陳述書の暗唱テストではない。事件の全体を、カンナがけをして薄く触れて、アリバイ作りのように「尋問をしました」というのではなく、主要な争点に対し、鋭

いノミを打ち込み、事件の真相や当事者の心情、考えに迫っていく方が、裁判官の心証に与える影響は大きいと思う。

⑨ OK例での工夫

　では、OK例を見てみよう。⑥では、質問を特定するように配慮している。また、⑥、⑦では、単に図面や写真で確認するのではなく、具体的なエピソードを話してもらっている。このエピソードは、陳述書には入れていないが、尋問の打ち合わせで証人から出てきたので、是非話してください、と頼んで証言をしてもらった。「廻縁」という言葉を解説なく使っているが、本人が理解していること、訴訟当事者はこれまでの主張整理や写真から、どれが廻縁でどういう状態になっているのかを知っているので、あえて解説をしなくてよい。

　⑧から、システムキッチンがグレードアップされるにいたる経緯を聞き、その後その取り付けミスを聞いている。これは、証人にとって同じ製品に関することであり、時系列で説明をしてもらった方が話しやすいということからである。陳述書では、不具合と追加工事に分けて記載したが、証人テストをした結果、時系列や対象物件ごとのほうが話しやすいのであれば、陳述書どおりでなくてよい。

OK例 質問の順序を整理した
主尋問

被告代理人	乙8号証を示します。この末尾の署名・押印はあなたのものですか。……1
証人（被告の妻）	はい、そうです。
被告代理人	この書面は、あなたが体験した事実を私が聞き取って、書面にまとめ、あなた内容を確認したものとうかがってよろしいでしょうか。……2
証人（被告の妻）	はい。
被告代理人	訂正するところはありますか。……3
証人（被告の妻）	ありません。
被告代理人	今回、原告会社はリフォーム代金を請求していますね。どうして支払わないのでしょうか。……4
証人（被告の妻）	それは、まず工事が終わっていないからです。
被告代理人	どこが終わっていないのですか。……5
証人（被告の妻）	どこって、全部ですよ。
被告代理人	では、具体的に聞きます。1階のリビングですが、原告会社は壁紙を張り替えましたね。不具合はありますか。……6
証人（被告の妻）	隙間があるのにそのままなんです。ドアの周りなので、出入りするのにいつも目について、とても不愉快です。
被告代理人	ほかにリビングの壁で、不具合はありますか。……7
証人（被告の妻）	壁紙を張り替えた時に、廻縁っていうんですが、隙間が空いているんです。この前私の父が遊びに来た時に、その隙間を見て、「リフォームしたのにこれはひどいな。」って言っていました。
被告代理人	システムキッチンのことを聞きます。契約書では、ウィザードMX－7が設置される予定でした。ところが実際

	に設置されたのは、ウィザードMX－8ですね。なぜ、変わってしまったのですか。…⑧
証人（被告の妻）	私たちは、白いキッチンを希望して、会社もそれを入れましょう、と了解しました。ところが、実際には赤いものが来たので、びっくりして「色が違うじゃない」と言ったのです。
被告代理人	白いキッチンを指定したのは、何を見ればわかりますか。……⑨
証人（被告の妻）	見本として渡されたパンフレットに、白い商品のところにボールペンでマルをしました。
被告代理人	乙3号証（パンフレット）と、甲1号証（契約書）を順次示します。……⑩
裁　判　官	どうぞ。
被告代理人	乙3号証を見てください。あなたが今おっしゃったマルというのは、パンフレットの25ページにあるものですね。……⑪
証人（被告の妻）	はい。
被告代理人	甲1号証を見てください。3枚目に「ウィザードMX－7（W）」70万円とあります。これを納品する約束ということですね。……⑫
証人（被告の妻）	はい。
被告代理人	「（W）」というのは、どういう意味でしょう。
証人（被告の妻）	ホワイトという意味です。
被告代理人	赤い製品が納品されたという連絡をしたら、原告会社の担当者である佐倉さんは、何と言っていましたか。……⑬
証人（被告の妻）	すみません、すぐに白を入れます、と言いました。ところが後で、白は欠品でした、グレードアップしてその上のタイプであればすぐに入ります、と言いました。
被告代理人	その結果、MX－8が納品されたのですね。……⑭

証人（被告の妻）	はい。
被告代理人	原告会社から、MX－8の金額について、説明を受けましたか。……15
証人（被告の妻）	いいえ。
被告代理人	MX－8について、見積書を受取りましたか。……16
証人（被告の妻）	いいえ。
被告代理人	MX－8のほうが、MX－7よりも10万円ほど値段が高いですね。この差額についてはどう思っていましたか。……17
証人（被告の妻）	これは会社の手違いですし、佐倉さんも謝っていましたので、お詫びとして会社が負担するものだと思っていました。
被告代理人	他に何か理由はありますか。……18
証人（被告の妻）	え、何の理由ですか。
被告代理人	差額10万円は会社が負担すべきという理由です。……19
証人（被告の妻）	ああ、それは納品が遅れて私たちはずいぶん迷惑を受けました。本来であればシステムキッチンを交換する日だけ台所が使えないはずだったのですが、古いシステムキッチンは撤去されてしまったので、MX－8が納品されるまで台所が使えなかったのです。
被告代理人	何日間、使えなかったのですか。……20
証人（被告の妻）	5日間です。
被告代理人	MX－8の本体は、きちんと取り付けられましたか。……21
証人（被告の妻）	はい。
被告代理人	付属品の棚はいかがです。……22
証人（被告の妻）	傾いて取り付けられました。
被告代理人	乙2号証の写真3を示します。……23
裁 判 官	どうぞ。
被告代理人	この写真が、その棚ですね。……24

証人（被告の妻）はい。

被告代理人　　どのような不具合がありますか。……25

証人（被告の妻）右に傾いているので、右側の扉を開けると右に勝手に開
　　　　　　　く感じです。だんだん扉と棚の位置がずれている感じが
　　　　　　　します。

裁判官からひとこと

Case❸について……

🛡1 主尋問の失点は、フォローでカバー

　主尋問の失敗例として挙げられている解説❶のアないしエは、正に典型的なものといえるが、ア（質問が証人や本人に伝わらない）については、事前の打ち合わせ（テスト）を入念に行えば、かなりの確率で回避し得るところである。ただ、質問とそれに対する答えが「立て板に水」のごとくスラスラとつながってしまうと、まるで劇を演じているようになり、あらかじめ決められた台詞を練習どおり述べあっている印象を与え、かえって信用性に疑義が生じてしまうので、その点は注意が必要である（「民事裁判手続」169頁）。

　ウの陳述書の記載と違う証言・供述が出てきた場合については、主尋問の時点でフォローできるものはしておくとよい。すなわち、記載された文章と異なるニュアンスと受け取られる可能性がある証言・供述については、続く質問において、記載内容と矛盾しない趣旨の証言・供述を引き出すようにすれば、傷をつけずに済ませられることが多いと思う。他方、記載された文章と明らかに矛盾するような証言・供述については、それに続く質問で、いずれかが間違いであったことをはっきりさせておけば、反対尋問で突っ込まれて証人や本人があたふたする事態に陥った場合に比べて、失点を防ぐことができると思う。陳述書と証言・供述が異なった場合、「証人・本人の述べることが動揺している」として信用性を否定する事情となる可能性は十分認められるが、陳述書の作成時点ではたまたま思い違いをしていただけであって、記憶違いから生じた矛盾であるとして説明をつけられる場合も少なくない。

❷ スタートが肝心とはいえ挽回も可能

NG例の①以下のような冒頭でのつまずきは確かに痛い。裁判官に、「これから続く尋問も、質問と答えが合わないぐちゃぐちゃな問答を聞かされる時間帯が続くのだろうなあ。」と思わせるところがある。実際、冒頭でNG例のようなやりとりがあると、その後の実体面についての質問と答えもかみ合わないことが少なくない。ただ、NG例における冒頭部分の失敗は陳述書の成立という形式的部分に関するものであり、実体面についての質問と答えのところで挽回することは十分可能であるから、「めげずに」続けてもらいたいものである。また、裁判官の側も、冒頭でのやりとりがおかしかったからといって、目の前の証人・本人の述べることは信用できないと決めつけてしまうようなことは、すべきではない（というより、してはならない。）。

❸ 陳述書作成過程に関する異議の重みは？

陳述書の作成過程に関する質問について異議を出すことは、それほど意味があるとは思えないというのが私の考えである。その理由としては、陳述書とは、弁護士が作成名義人から詳しく事情を聴取し、弁護士においてその内容を整理してまとめ上げた文章を記載し、その文章を作成名義人に閲読してもらい、署名押印してもらうものであって、目の前で示されている陳述書も、同じパターンで作成されたものに間違いないという認識を有しているからである。

実際、作成過程に関する尋問であたふたしている代理人に対し、相手方の代理人が、「先生、陳述書は先生の側で事情を聴取されてそれを書面化して、この人に読んでもらった上でサインしてもらったんでしょう。その点はこちらとしても疑問に思ってはいませんから、早く内容面についての質問に入ってください。」と述べたケースがあった。正に「大人の対応」である。

ただし、弁護士が作成名義人からきちんと事情を聴取した上で文章を記載したのかどうか、かなり怪しい事件も、ほんのごくわずかではあるが決して

ないわけではない（時には、証人の陳述書について、当の証人が体験していないことでありながら、本人から聴取した内容が、あたかも証人が体験したように記載内容に付け加えられているケースがあったり、陳述書の作成名義人ではなくその親族から聴取した事情を、あたかも作成名義人が述べたかのように作成された陳述書が提出されたケースがある。）。そのような事件の場合、陳述書の中身（実体面）についての質問と答えで、ボロが出てくるが、冒頭でのやりとりから作成過程に疑義が生じた場合には、異議を出す意味はあろう。

④ 誘導尋問が許されない理由を再確認しよう

誘導尋問が許されないとされているのはなぜか。それは、被質問者が質問者である訴訟代理人（というよりは、当該代理人に手続を委任した本人）に近い立場（いわば「味方」）にある場合、質問者の質問に迎合する答えをするおそれが多分にあることによる。逆に、反対尋問において誘導尋問が許されるとされている理由は何か。それは、被質問者と質問者の利害が対立しており、質問者の質問に迎合する答えをするおそれがないからである。

Case3には関係しないが、いわゆる「敵性人証」を申請し、対立する人物に対する主尋問をする場合には、主尋問といえども誘導尋問を認めてよいように思う。

⑤ 主尋問の質問事項と尋問時間を十分検討すべし

主尋問での質問事項については、取調べ済みの書証では賄いきれない事実に主眼を置くべきである。私は、書証の内容をそのまま読み上げさせる質問が続く場合には、「書証に書かれてあることをそのまま再現する必要はありません。書かれていることが事実ではないというのであれば、その点を突っ込んで聞いてみてください。」ということが多い。

解説❽で、論点の全てに触れる必要はないとあるが、正にそのとおりである。この点に関し、代理人は人証の採用決定に先立ち、尋問予定時間を裁判

官に伝えているはずであり、裁判官から認められた時間内で尋問を収めるべきである。尋問予定時間については、論点の数にもよるが、裁判官は代理人があまりにも長い時間を申請してきた場合、さすがにそのままスルーさせることはないはずであって、採用決定に併せて、「この証人の主尋問は○○分にとどめてください。」と言ってくるはずである。この場面で、尋問時間を長く確保しようとする代理人と、短めにしようとする裁判官（場合によっては相手方代理人）との間で「攻防」が繰り広げられることもあるが、その際に、論点ごとに割当時間について協議することも必要になってくる。

⑥ 異議の理由についての吟味をしっかり

NG例の⑫で、異議を出すかどうかにつき解説❻のア、イ、ウを考えてどうするかを決めるとの点については、訴訟戦略の問題であって、裁判官の立場からその是々非々についてコメントすることはない。

むしろ気になるのは、原告代理人の「証人は剥離があることを認識していない可能性があります。そうであれば、不具合とはいえなくなります。」との異議の理由付けである。この点は、異議を出すべきか、出さざるべきかという主論のテーマから外れるところであるが、いくつか述べさせていただく。

まず、Case3においては、争点整理の段階で壁紙の剥離についても取り上げられていたはずであり（LESSON2におけるCase1の陳述書でも記載されている。）、異議に対する被告代理人の反論からすれば、剥離の存在自体は争われていないようである。また、ここで尋問されているのは本人ではなく証人であるが、LESSON2のCase1では、リフォーム工事の状況をよく知っているのは被告の妻であることから、同人の陳述書が作成され、同人について尋問を実施しているのであり、原告代理人のいうように「証人は剥離があることを認識していない可能性」が本当にあるのかどうか、疑問がわくところである。

一般論として、証人の場合は、本人が「瑕疵」と主張する事項とその内容について、すべてを認識しているとは限らない。そのため、「証人は剥離があることを認識していない可能性」を指摘するのはあながち不合理なことで

はないが、Case3は証人と被告本人は「一心同体」ともいえるのであり、上記の一般論が当てはまらないように思う。

　次に、被告代理人は、「これは不具合で・・・」という言い方をしているが、剥離の存在自体に争いがないのであれば、原告は、その剥離が存在しても被告に不具合は生じていないと主張しているものと思われる。そうすると、「これは不具合で・・・」という質問の仕方については、原告は被告が不具合と思っていないものを「不具合」と決めつけた上での質問をしていることが問題であり、原告代理人としては「誘導尋問」と指摘するよりも、「誤導尋問」と指摘すべきではなかったか。まあ、異議を出している点で大きな差異はないが。

❼ 質問についても「相手方に配慮」せよ

　NG例の⑧に関し、質問の対象（趣旨）を絞ることは重要である。裁判官に事案を理解させるために必要なことであるとともに、聞かれる側（証人・本人）の立場を考えてほしい。抽象的な質問をさせると、答える側も困ってしまうのである。

❽ 再主尋問は、主尋問のやり残しをする場ではない

　「先ほど主尋問で聞き忘れましたが……」は、本来裁判官が許してはならないはずである。すなわち、再主尋問は、反対尋問において揺らいだ供述の信用性を回復させるために行うものであり、反対尋問で取り上げられた事項に関してすることができるものである。私の場合、「再主尋問は反対尋問に出てきた事項に限られるはずですけれど。」と一言言うことが多いが、一般論的には尋問の範囲を広げておくと心証形成に役に立つことが多いので（関連性も全くない事項は別であるが。）、結果的には尋問の制限をかけないことが多い。ただ、裁判官によってはこの点を厳しくしている人もいるはずである。

争点が少ない事件の主尋問

お題：一瞬の出来事についてどのようにして聞き出すか

　交通事故である。原告訴訟代理人の立場で、原告本人の主尋問をしてみよう。

　原告は自動車を運転し、狭い路地を徐行していた。被告車両はその前を走っており、前方のT字路を右折しようとしたが、右方から対向車がきてすれ違いができないため、バックをしたところ原告車両に逆追突した。けが人はいない。

　原告は、被告車両より5メートルほど後ろに停車させていたところ、被告車両が下がってきたのでクラクションをピッピッと2回鳴らしたが、被告車両はそのまま気づかずバックし、ごつんとぶつかった、と主張している。

　他方被告は、自分がバックした時に原告車両はなく、バックしている最中に原告車両が止まり切れず追突してきた、と主張している。

　実況見分はなされていない。ドライブレコーダーはない。物件事故報告書には「後退中の被告車両と、原告車両が接触」と記載されている。また、原告代理人が現地を計測した図面と現場の写真がある。

　なお、尋問時間は持ち時間制とし、主尋問と再主尋問の合計が30分、反対尋問は30分とされている。

NG例　中途半端に図面を使おうとして失敗した主尋問

原告代理人	（陳述書の作成経過や事故現場に至る経緯は省略） では、今回の事故の状況を聞きます。まず、甲4号証（原告代理人作成の図面）を示します（裁判官、うなずく）。……１ 事故の直前、あなたはどこで車を停車させましたか。……２
被告代理人	異議あり。誘導尋問です。
裁　判　官	質問を変えてください。
原告代理人	質問を変えます。事故の直前、あなたの車はどの位置にありましたか。この図で示してください。……３
被告代理人	異議あり。甲4号証には、すでに原告が停車させた場所として、アと印がついています。これを示して尋問することは誘導尋問です。
原告代理人	質問を撤回します。被告の車と接触した時、あなたの車は止まっていましたか、動いていましたか。……４
原告本人	止まっていました。
原告代理人	あなたの車は、被告の車と接触する前、どのくらい止まっていたのですか。……５
原告本人	10秒くらいです。
原告代理人	10秒前は、被告の車はどこにありましたか。……６
原告本人	私の5メートルほど手前にありました。
原告代理人	その後、被告の車はどうなったのですか。……７
原告本人	バックランプがついたので、バックするなと思いました。
原告代理人	それで、あなたはどうしたのですか。……８
原告本人	後ろを確認しました。
原告代理人	なぜですか。……９
原告本人	私もバックをしようとしたからです。

原告代理人　その後、どうなりましたか。……10

原 告 本 人　前を向いたら、被告の車が接近していたので、クラクショ
　　　　　　ンを2回、鳴らしました。被告の車は止まらずそのままご
　　　　　　つんと私の車の前部にぶつかりました。……11

Case④ 争点が少ない事件の主尋問

❶ 争点に切り込む場合は誘導尋問に気を付けよう

　Case4では、双方の車が接触した際に、原告車両が動いていたかが争点になっている。この点、物件事故報告書では原告車両の動静は曖昧にしか記載されていないので、ここは供述で立証するしかない。そうであれば、相手方も最大限の注意・関心をもって主尋問を聞いているのであるから、安易な誘導は避けるべきである。

　NG例の②は明らかな誘導尋問であるし、甲4号証の図面を示した理由が「停車位置」を証言させようというのであれば、図面に答えが書いてあるので、図面を示すこと自体、誘導といわれても致し方ない。予定していた図面による尋問ができなくなったため、距離や時間など、抽象的な質問と答えに終始してしまっている。これでは、裁判官も心証をとれないのではないか。

　図面を示すのであれば、甲4号証の指示部分を除いた図面を用意し、それを尋問の際に示して本人に記入させ、尋問調書に添付してもらうべきであろう。ただ、これをするのはかなりリスクがあることを知っておこう。仮に、尋問の場で本人が事前の主張と全く異なった場所を示した場合、接触までの距離や時間がずれてしまい、主張そのものがひっくり返る恐れがある。

　証人テストで、何回か位置関係を図面に記入してもらい、一貫して同じ場所を図示できるのであれば本番でも同じことをしてもよいが、そんなことをあえて主尋問でしなくてもよいだろう。特に、尋問の前日に、そうだ図面を示そう、などと思ったのであれば、やめた方がよい。

② 数値よりもその根拠を聞く

NG例の⑤と⑥は、被告車両との距離や時間を尋ねている。

まず、接触まで10秒だという供述について、本当に10秒なのか、事前に確認をするべきである。もし、その動作を何度か再現してもらい、ほぼ10秒であれば、尋問の際に再現をさせるということも検討すべきであろう。ただ、うまく再現できればよいが、緊張して失敗するかもしれないので、慎重にしたい。OK例では、10秒という時間を出さず、一つ一つ細かく行動を聞いた上で、最後に10秒程度という供述を引き出している。

距離についても、実際に現場で確認するのはもちろん、その確認した結果を尋問で明らかにするとよい。この辺りをおろそかにすると、反対尋問で「なぜ10秒なのか」「なぜ5メートルなのか」と突っ込まれることになる。

③ 核心部分以外に何を聞くか

NG例、OK例とも、争点の核心部分を取り上げている。交通事故は一瞬であり、争点も損害論を除けば過失態様はその一瞬である。一瞬だからと言って、尋問を一瞬で終わらせるのではないし、その一瞬の事故前後の状況も聞くとよい。

事故の前は、運転の経験、これまでの無事故歴、直前の速度、事故前の視線など、事故の後は、事故後の相手方の態度、相手方とのやりとり、警察への説明などである。ただし、前後を厚くして核心部分が薄いというのは本末転倒である。

○OK例 争点の核心部分を具体的に聞き出す主尋問

原告代理人	（陳述書の作成経過や事故現場に至る経緯は省略）……1 では、今回の事故の状況を聞きます。被告の車と接触した時、あなたの車は止まっていましたか、動いていましたか。
原告本人	止まっていました。
原告代理人	あなたの車は、事故現場の路地のどこで止まっていましたか。……2
原告本人	私の車の先端が、1本目の電柱のちょうど先端にありました。
原告代理人	なぜ、そのことを覚えているのですか。……3
原告本人	被告の車が接触した時に、運転席から出てぶつけられた場所を見に行きました。その時、対向車が来ていたので、私は車を降りて後ろから助手席側に回って、車の前を確認したのですが、車の前を確認する時に、ちょうど電柱があったからです。
原告代理人	あなたはなぜ、事故現場に車を停車させたのですか。……4
原告本人	その先のT字路で、被告の車が右折しようとしたのですが、左のカーブミラーに対向車が来ていたのが映っていたので、止まりました。
原告代理人	あなたが車を停車させた時、被告の車両はどういう状態でしたか。……5
原告本人	右折をしかけていたので、私から見て30度程度右に傾いていました。
原告代理人	この時、あなたの車と被告の車はどのくらい離れていましたか。……6
原告本人	約5メートルです。

原告代理人	約5メートルというのは、どうやってわかったのですか。……[7]
原告本人	T字路交差点の右側の角に、被告の車の運転席があったので、そこから車の後部の長さを足したところから、1本目の電柱まで巻き尺で測ったところ、約5メートルであることがわかりました。
原告代理人	その状態から接触まで、被告の車はどのような動きをしたのですか。……[8]
原告本人	右折を中止し、バックして、私の車にぶつかりました。
原告代理人	では、順番に聞きます。まず、あなたの車が止まった時被告はすでにバックをしていましたか。……[9]
原告本人	いいえ。止まったすぐ後に、まずバックランプが点灯しました。
原告代理人	この時、あなたは何をしましたか。……[10]
原告本人	自分も後ろに下がらないといけないので、後ろを振り向きました。
原告代理人	後続車はありましたか。……[11]
原告本人	いいえ。
原告代理人	そのあと、どうしましたか。……[12]
原告本人	前を向いたところ、すでに被告がゆっくりバックをしていたので、クラクションを短く2回、鳴らしました。
原告代理人	その後、どうなりましたか。……[13]
原告本人	クラクションを鳴らし終わるタイミングで、被告の車がぶつかってきました。
原告代理人	あなたの車が止まってから、被告の車がぶつかるまで、どのくらいの時間がありましたか。……[14]
原告本人	10秒程度です。

裁判官からひとこと

Case❹について……

❶ 争点部分の記載がすでにある図面の提示について

停止位置がすでに書き込まれた図面を提示して質問をする場合、記載された停止位置を争うのでなければ、「この停止位置に間違いはないですね。」といった質問をする意味はない。先に述べたように、「書証に書かれてあることをそのまま再現する必要はありません。」ということである。

逆に争う場合には、解説❶にあるように、図面の指示部分を除いた図面を用意してそれを示し、本人に記入させた上、尋問調書に添付してもらうというのも一つの方法であるが、記載された図面を提示しつつ、この記載は誤っていることを明確に述べさせた上で、現在の認識に沿った位置関係を記載してもらう方法もあり得よう。

❷ 数値に関する質問は、物体になぞらえるとよい

尋問では、時間や距離について具体的数値を述べさせようとする質問が多々見られるが、解説❷にあるとおり、その根拠を述べさせてもらいたい。

また、距離（物体の横幅・奥行・高さ等も同様。）について質問する場合、目に見える物体や日用品で誰もが思い描くことができる物体を摘示した上で、その大きさになぞらえた質問をすると、裁判官も理解しやすい。例えば、目前にある証言台の幅や高さ、あるいはまた、ランドセルの大きさ（ランドセルは小学1年生から6年生まで背負うものであるが、大きさに変化はほとん

どない。）を基準にして、この幅・高さを基準にするとその半分か、２倍か……といった類の質問である。

　他方、時間についての質問は、基準とすべきものを提示しにくいので、距離のようにはいかないであろうが、なんとか工夫してみていただきたい。

❸ 核心部分の前後の事情は重要である

　解説❸は、争点の核心部分について、「一瞬の事故前後の状況を聞くとよい。」としているが、前後の経緯を質問することはほとんど全部の事件で必要といえる。すなわち、裁判官としては核心部分について判断をしようとしているものではあるが、核心部分の事実認定・法律判断をしようとする場合には、核心部分に至る経緯はどのようなものであったか、また、核心部分の事象が過ぎた後の状況はどのようなものであったかを見極めた上で、核心部分について判断することが多い。LESSON1で牧田弁護士が引用しておられる「民事裁判手続」98頁以下におけるジグソーパズルの例を想起されたい。

LESSON 4

反対尋問の
NGをなくそう!

Case ⚖ 5

攻めどころが難しい事件の反対尋問

📄 お題：尋問で追及すべきことか

　LESSON2のCase1で取り上げたリフォーム工事で、LESSON3の主尋問（OK例）を読んだ上で、原告訴訟代理人の立場で被告の妻の反対尋問をしてみよう。

　原告はこれまで、次の主張をしている。

① 　請負工事代金総額は450万2900円

② 　追加工事代金は80万6300円

③ 　既払い金は200万円

④ 　残代金は330万9200円

⑤ 　クロスの剥離や廻縁の隙間は些細なものであり、施工の不具合ではない、キッチンの棚は調整ねじがあるため、容易に修正可能である。

⑥ 　8月10日に、被告が大工に対し、工事を止めるよう強く要求したため、やむなく工事を終了させた。

⑦ 　システムキッチンの変更は、被告が、差額は支払うので、すぐに白いMX－8を納品してほしい、と要求したからである。

NG例　攻め込んで自滅する反対尋問

- -

原告代理人　あなた方がリフォーム代金を支払わない理由について、お尋ねします。なぜ、リフォーム代を支払わないのですか。……１

証人（被告の妻）　さっきも言いましたが、工事が終わっていないからです。

原告代理人　いや、工事は終わっていますよね。工事が終わっていることと、不具合があると主張することは、別のことでしょう。……２

証人（被告の妻）　おっしゃる意味がわかりません。不具合だらけの手抜き工事をされても、弁護士さんはそれにお金を払うんですか。

原告代理人　私に質問をしないでください。質問は私がします。あなたは質問に答えてください。クロスの若干の剥離とか、廻縁の隙間とか、仮にあったとしても数万円で手直しできるでしょう。……３

証人（被告の妻）　さあ、私は専門家ではないのでわかりません。

原告代理人　職人がちょっと手直しするだけだから、数万円でおさまるんですよ。証拠も出しています。それなのに、あなた方は本体工事450万2900円のうち、200万円しか払っていない。数万円相当の工事が不具合なのに、残りの代金250万円以上を支払わないという理由はありますか。……４

被告代理人　異議あり。意見を求める質問です。

原告代理人　払わないことについての証人の認識を尋ねているのです。意見を求めているのではありません。

裁　判　官　質問のしかたを変えてください。

原告代理人　次の質問です。あなた方がおっしゃる、クロスの剥離と

	はどこですか。……⑤
証人（被告の妻）	１階のリビングのドアの周りです。
原告代理人	その剥離したという壁は、リフォームする前はもともと何がありましたか。……⑥
証人（被告の妻）	本棚です。
原告代理人	そうでしょう。本棚を置けば、結局その剥離も見えなくなるのではないですか。……⑦
証人（被告の妻）	いえ、本棚は古かったので処分しました。今はそこに物を置いていません。
原告代理人	それでも、また棚か何かを置く予定なのではないですか。……⑧
証人（被告の妻）	いえ、その予定もありません。今回のリフォームを機に、不用品を捨てたので、これ以上物を増やさないようにしようと思っています。
原告代理人	廻縁ですが、これはあなたのお父さんが遊びにきた時に、ひどいな、とおっしゃったんですか。……⑨
証人（被告の妻）	そうです。
原告代理人	あなたは、お父さんから指摘されるまで、廻縁の隙間について気にしていなかったんですか。……⑩
証人（被告の妻）	いえ、そうは言っていません。
原告代理人	おかしいですね、主尋問と話がちがうでしょう。……⑪
裁 判 官	証人は、父親から「リフォームをしたのにひどい」という話をされたと言っていますが、父親から指摘されて初めて不具合に気が付いた、とは言っていませんよ。原告代理人、質問を変えてください。
原告代理人	キッチンの棚の傾斜について、お尋ねします。この棚が11度傾斜しているということですが、本当に傾斜しているんですか。……⑫
証人（被告の妻）	はい。写真のとおりです。
原告代理人	このキッチンの棚のねじ止め部分に、調整ねじがついて

	いるのは知っていますか。……13
証人（被告の妻）	はい。
原告代理人	あなた方は、このねじをいじっていませんか。……14
証人（被告の妻）	いいえ、いじっていません。
原告代理人	嘘をつくと偽証罪に問われますよ。よく考えて証言してください。棚が傾斜していると思って、調整ねじをいじったのではないですか。……15
証人（被告の妻）	いいえ。棚は最初から11度に傾いていました。
原告代理人	システムキッチンですが、あなたから、差額を払うからすぐにMX－8を納品してほしい、と言っていませんか。……16
証人（被告の妻）	いいえ、言っていません。
原告代理人	佐倉さんは、赤い商品を納品してしまい、そのことを謝っていますが、もともとMX－7の白が入手できないのであれば、結局納期まで待たなければならないでしょう。それはわかりますか。……17
証人（被告の妻）	そうなりますね。
原告代理人	それなのに、MX－8をすぐに納品した、というのはあなたが、差額を払うという話をしたからではないですか。……18
証人（被告の妻）	いいえ。佐倉さんは、不手際を謝って、すぐに納品します、と言ったのです。
原告代理人	なんの不手際ですか。色を間違えただけでしょう。……19
証人（被告の妻）	それだけではなく、その日に取り付ける予定で、古いシステムキッチンを撤去してしまったため、台所が使えなくなったんです。
原告代理人	どれだけ台所が使えないんですか。……20
証人（被告の妻）	佐倉さんの話では、MX－7の白は欠品で、モデルチェンジをした後の同じタイプの納品は早くても3か月はかかる、長ければ半年後になるということでした。

Case⑤ 攻めどころが難しい事件の反対尋問

❶ 反対尋問も無理はしない

　反対尋問は、主尋問に引き続いて行われる。その目的は、主尋問でなされた証言の信用性を減殺する点にある。それだけでなく、主尋問の証言を修正させたり、主尋問で触れていない点を聞き出して自己に有利な証言を得ることも重要な目的である。

　ただ、そのように言うは易し、行うは難し、であろう。尋問される証人や本人も、事前にいろいろ準備をしているのであろうし、何より事実を体験している当事者である。よほど主尋問で嘘をついていたり勘違いをしていない限り、反対尋問で主尋問と異なる証言をしたり、相手に有利な証言をするということはめったにない。

　ドラマや映画の影響だろうか、弁護士といえば、反対尋問で証人を追い詰め、不正を糾し、裁判に逆転勝訴するというイメージを持っている人は多いと思う。これまでの主張の応酬や相手方の陳述書を見た依頼者から、「先生、嘘ばっかりです。なんとかしてください。」と言われることもあるだろう。私たち弁護士も、依頼者のために不誠実な主張や証言を繰り返している相手方や証人の証言を突き崩そうと、力が入るところである。そこで、反対尋問で証人や相手に対し、厳しく追及したり、理詰めで説得をしたりする。時には、感情的に厳しい言葉を発することもある。それにより、証人や相手が答えに窮したり、言いよどむと、自分の依頼者は溜飲が下がるのか「先生の反対尋問で相手はたじたじでしたね。」など賞賛してくれるだろう。しかしその結果、反対尋問の本来の目的である、主尋問の証言の信用性の減殺や、自己に有利な証言の引き出しに成功することはほとんどなく、むしろ逆に相手に有利な証言を引き出してしまったり、最悪、尋問後に相手方から「脅された」「侮辱された」などと懲戒請求をされると

いうこともある（実際に懲戒されることはほとんどないと思われるが）。

　LESSON1で指摘した、尋問では無理をしない、失点をしないということを反対尋問でも思い起こそう。その上で、どこまで攻めるか、が反対尋問のテーマである。

② 反対尋問の事前準備

　反対尋問の難しさは、主尋問で何が語られるか、その時までわからないことにある。主尋問が終わったらそれに引き続き反対尋問が行われるので、反対尋問をする代理人は、主尋問を注意深く聞き、矛盾点があればメモを取り、反対尋問に臨むという高度な作業をしなければならない。

　では、反対尋問で使うため、主尋問は一言一句メモを取らなければならないのだろうか。

　結論から述べると、必要ない。

　まず、証拠調べは主張・立証を尽くした後、最終段階で実施されるのである。そして、尋問に先立ち、陳述書が提出される。これらやそのほかの証拠をじっくり検討すれば、主尋問で何を話すかはある程度の検討を付けられるはずである。

　したがって、反対尋問の事前準備は、従前の主張と証拠関係を整理し、それと相手方の陳述書に矛盾や不自然な点がないかをじっくり検討することから始めるべきである。この過程をしっかり行うと、相手の陳述書に本来書かれてもよさそうな事実が書かれていない、ということがわかることがある。その部分は相手にとって不利な事実なのではないかとの仮説を立て、当日反対尋問で質問を試みる。

　このようにして、まず事前に反対尋問としてどのようなことを突っ込むか、机上でシミュレーションをし、反対尋問メモを作成する。このメモの作り方は、想定質問に対し答えが「はい」「いいえ」でその後の質問をどうするか、場合分けをしておくとよい。

③ 主尋問の聞き方

　証拠調べ当日、主尋問はどのようにして聞くべきか。

　私は、傍らに尋問されている証人や本人の陳述書を置き、主尋問の証言が陳述書と一致しているかに注目している。それに加え、陳述書と異なる話や陳述書にない話が出たときは、反対尋問で使える内容か否かをその場で吟味し、陳述書に証言内容を簡単に書き込み、付箋を貼る。併せて、誘導尋問や誤導尋問などをしていないか、注意を払う。これだけのことを同時に行うのであるから、主尋問を一言一句メモを取るわけにはいかないし、それは不要であろう。常に大局的な見地、訴訟の争点を意識して主尋問でボロが出ないか、を虎視眈々としている、というイメージだろうか。

　自分が主尋問をしているときに、相手の代理人がガリガリメモをとっているのは、全てチェックされているようで気分がいいものではないが（もちろん文句をいう筋合いのものでもない）、全部メモしてもその後活用できっこないはず、と割り切ることができる。しかし、要所でメモをとられると、「反対尋問で突っ込まれるかな。」とかなり気になる。そのような代理人の方が、その後の反対尋問で的確に追及してくることが多い。

　主尋問の全てに反論するのではなく、事前に見極めた突っ込みどころを中心に、集中して聞くのがよいだろう。

④ 反対尋問のNG……議論をしている

　さて、これまでの総論を頭に入れながら、Case5のNG例を見てみよう。

　NG例②〜④は、工事が終わらないから代金を支払わないと主張する証人に対し、工事が終わっているのに、些細な不具合を理由に残代金を支払わないのはおかしいのではないか、と問いただそうとしている。そもそも工事が完成したのか、未完成なのか、完成したとして請負代金の支払請求を履行の追完請求等の同時履行を理由に拒絶できるのか、という問題であり、本来は主張整理などでやるべきである。本件でもすでにそのような主

張整理は当然なされているであろう。その上で、主尋問で証人は、工事は未完成であると証言したため、原告代理人は反対尋問でこの点を問いただそうとし、その結果議論に至っている。

　しかし、このような議論を展開して、反対尋問の目的である主尋問の信用性減殺供述や自己に有利な事実の引き出しがなされるだろうか。相手に余計な警戒心を与え、反発されておしまいということになりがちである。なぜこうなったのか。本質的にはやはり、事実を聞かないからであろう。「証人の認識を尋ねている。」のであれば、認識が明らかになったら、その当否を尋問者が言わなければよい。「おかしいと思いませんか。」というのは質問ではなく、質問者の意見である。

　もちろん、尋問者が強い口調で追及することを全て否定するものではない。使いどころだと思う。尋問の最初から最後まで、全て議論をしているようでは尋問にはならないということだ。

❺　反対尋問のNG……引き際を見誤る

　NG例の⑤〜⑦を見てみよう。被告が主張するクロスの剥離は、実は書棚が置かれており、現在全く気にならないのではないか、という質問である。おそらく原告代理人は、事前準備で施工前の写真をよく見たら、なんだこの場所はもともと本棚があるじゃないか、そうであればリフォーム後も同じ場所に本棚を置いているはずだ、と見抜いたつもりになり、これを追及の足掛かりにしようと思ったのであろう。しかし、本棚は処分して今はないという証言が出てしまい、追及弾は不発に終わってしまった。

　この点を質問することは反対をしないが、自信ありげに反撃するように質問をした結果、堂々と返答され防御に成功すると、いかにも反撃に失敗したというイメージを与えてしまう。この件では、施工後に棚を置いている写真を見ていないのであるから、尋問をするとしても、まずリフォーム前の家具について、リフォーム後はどうしたか、というように質問の意図がわからないよう、事実を尋ねていく方がよい。仮に「本棚は処分しました」ということであれば、それ以上の質問はやめてもよい。NG例では、

更に⑧まで突っ込んでいるが、この論点はそもそも棚があろうがなかろうが、剥離があれば不具合なので、棚を置いていないという証言が自然に出てしまった以上⑧は必要ないと思う。また、⑧まで質問をし、それでも意図した回答がなければここで撤退すべきであろう。それ以上この問題にとどまっていると、「本棚を処分したといいますが、それまでの本はどこに置いているんですか。」など、だんだん何が争点なのかわからない尋問になってしまある。

　常に冷静に、退くところは潔く退かなければならない。

❻ 反対尋問のNG……うまくいかず冷静さを欠く

　NG例では、⑧までで原告代理人の反対尋問は奏功していない。尋問をする側としてはなかなかつらいところである。どこかで切り崩すべく、つい力を入れてしまうだろう。

　しかし、戦況が芳しくなくとも、常に冷静に質問をしなければならない。反対尋問の準備は万全にすべきであるが、どんなに準備をしても、成功しないこともある。むしろ失点しないようにしなければならない。

　NG例では、結果を出そうと、⑪で焦って誤導尋問に至っている。そして⑫〜⑮も、棚の傾きについて、調整ねじをいじったのではないか、などと言いがかりのような質問をしている。⑮の「嘘をつくと偽証罪に問われますよ。」という指摘も、本件のように嘘をついていることを示す明らかな証拠がないまま、威嚇の意味でやっていると、見苦しい。更に反対側に座っている被告代理人からは「原告代理人は効果的な反対尋問ができないため、偽証の制裁をちらつかせるしかなくなったな。」との手詰まり感が見えてしまう。被告代理人は、原告代理人の追及に証人が耐えられるというように判断すると、多少の尋問のルール違反があっても、あえて異議を言わず、原告代理人が自滅するのをじっと待つ、という作戦にでることもある。

　調整ねじは、棚の取り付けの修正が容易に可能か否かという論点で出てくる話である。この点は尋問で聞くまでもなく、施工説明書などの証拠で

十分であろう。ここで「あなた方がいじったのではないか」という質問をしてしまったのは、反対尋問の目的を見失った結果である。

⑦ 反対尋問のNG……そして墓穴を掘る

これまでのNGは、いたずらに時間を浪費する、法廷の雰囲気が悪くなる程度の弊害にとどまる。ところが[17]以降を見てほしい。ここで原告代理人は大失敗をしてしまった。どこだかわかるだろうか。

この訴訟の争点の一つとして、MX－7からMX－8の変更は有償か無償か、つまり、差額支払いの合意があるか否かである。

陳述書や主尋問では、OK例を見ても、佐倉さんが不手際により色違いを納品した、そのため、お詫びして白色のキッチンを納品した、施工完了まで5日間キッチンを使えなかった、ということが述べられているが、仮にMX－8を納品しなかったとしたらどうなったのか、という事実がほとんど出ていない。被告代理人はこの点の聞き取りが甘かったのかもしれないし、工事請負契約は書面主義であるから、見積書や契約書がないまま口頭での契約は認められないはず、と高をくくってしまったのかもしれない。しかし原告代理人が[20]の質問をしたことにより、「MX－7の白は欠品で、納品は早くても3か月、長ければ半年かかる」という事実が出てしまった。これと「既設キッチンは撤去してしまった」という事実を合わせると、そんなに長い間顧客にキッチンなしの生活を強いるわけにはいかないし、仮設キッチンの設置や損害賠償などを考えると、原告は10万円をサービスして上級機種を入れるということを了承したのではないか、という推測が働く。向こう側で尋問を聞いていた被告代理人は「これぞ敵失！」と腹の中で快哉を叫んだかもしれない。

ここは質問の方法を工夫しなければならないのに、安易に直球を投げてしまいホームランを打たれてしまった、というシーンである。失投の原因は、尋問の準備が十分でなかったことに加え、その前の反対尋問がうまくいかないことから、むきになってしまった、というところだろうか。

柴﨑裁判官の言葉のとおり、冷静に状況分析や計算をしながら、尋問を

するということを忘れないようにしたい。

8 OK例での工夫

　では、OK例を見てみよう。

　②〜④は、工事終了と不具合については、わかりやすい言葉で整理をした。

　⑤〜⑦は、一応懸念があるので事実として淡々と確認をしている。⑦の回答を聞いて、それ以上突っ込むのを止めている。ここで退くことで、尋問が負けている、という印象を回避することになる。

　⑧〜⑭について、原告は追加工事の契約をしていないという大きな失点があることから、ここで逆転を狙うことは控える。獲得目標は、佐倉氏が無償を確約していない、という点に設定し、その言葉を引き出して尋問を終了している。

　⑮以降は、②〜④の続きである。最初から⑭〜㉑を質問すると、証人は「工事は終わっていない」という言葉に終始するので、まだ反対尋問になれる前の序盤に②〜④を先に確定させて、それを⑭以降のエピソードにぶつけている。

　今回の反対尋問は、鮮やかに逆転打を放つものではない。獲得目標としては、不具合とされている部分以外の工事はきちんと終了しているということ、追加工事について、明確な合意はないことを明らかにし、これを当事者レベルで理解させるということである。それにより、和解をするにしても少しは前進するのではないだろうか。NG例では、尋問後はお互いに悪感情が先に立って、和解の席にすらつけないかもしれない。

OK例 引き際をわきまえた
反対尋問

- -

原告代理人	あなた方がリフォーム代金を支払わない理由について、お尋ねします。なぜ、リフォーム代を支払わないのですか。……1
証人（被告の妻）	さっきも言いましたが、工事が終わっていないからです。
原告代理人	「工事が終わっていない」というのは、不具合がある、ということですか。……2
証人（被告の妻）	そうです。
原告代理人	その他の工事については、終了している、というお考えでよろしいですか。……3
証人（被告の妻）	そうですね。
原告代理人	まとめますと、工事について一部不具合があるから、残代金を支払わない、ということでよろしいでしょうか。……4
証人（被告の妻）	結構です。
原告代理人	次の質問です。あなた方がおっしゃる、クロスの剥離とはどこですか。……5
証人（被告の妻）	1階のリビングのドアの周りです。
原告代理人	その剥離したという壁は、リフォームする前はもともと何がありましたか。……6
証人（被告の妻）	本棚です。
原告代理人	本棚は、リフォーム後に同じ場所に置いてあるのですか。……7
証人（被告の妻）	いえ、本棚は古かったので処分しました。今はそこに物を置いていません。
原告代理人	システムキッチンについて伺います。佐倉さんは、赤い商品を納品してしまい、そのことを謝ったということで

すね。……8

証人（被告の妻）はい。

原告代理人　納品されたMX－8は、当初予定していたMX－7より
　　　　　　も10万円高いですね。あなたはMX－7からMX－8に
　　　　　　変更する際に、差額が10万円であることを知っていまし
　　　　　　たか。……9

証人（被告の妻）はい。それは知っていました。

原告代理人　佐倉さんから、差額を請求しない、あるいは、サービス
　　　　　　します、という話はありましたか。……10

証人（被告の妻）謝っていましたから。

原告代理人　もう一度聞きます。佐倉さんは、差額を無料にする、と
　　　　　　いう具体的な話をしましたか。……11

証人（被告の妻）具体的には……。（言いよどむ）

原告代理人　具体的にはしていない、ということでいいですか。
　　　　　　……12

証人（被告の妻）はい。

原告代理人　そうすると、差額の契約書はないが、無料にするという
　　　　　　明確な説明もない、ということでよろしいですか。
　　　　　　……13

証人（被告の妻）いえ、佐倉さんは謝っていたので、当然無料だと思って
　　　　　　いました。

原告代理人　佐倉さんの口から、無料にする、という言葉がでました
　　　　　　か。……14

証人（被告の妻）いいえ、ありませんでした。

原告代理人　工事終了のことを聞きます。8月10日に、あなたの夫が
　　　　　　大工に対し「いつまで工事をしているんだ。」と言った
　　　　　　んですね。あなたはこの時その場に居合わせましたか。
　　　　　　……15

証人（被告の妻）はい。

原告代理人　あなたの夫が、そのように言ったことについてあなたは

どう思いましたか。……⑯

証人（被告の妻）そのとおり、と思いました。

原告代理人　なぜですか。……⑰

証人（被告の妻）だって、納期を過ぎてもずっと朝から作業をしているん
ですよ。うるさいし近所迷惑だし、いらいらしますよ。

原告代理人　それで、大工とけんかになったんですね。……⑱

証人（被告の妻）はい。

原告代理人　これは、あなた方から、工事を止めるよう申し入れた、
ということでしょうか。……⑲

証人（被告の妻）いいえ、私たちはいつまで工事をするのか、と質問をし
ただけです。

原告代理人　大工の方から、工事は終了した、と一方的に述べたとい
うことですか。……⑳

証人（被告の妻）そうです。

原告代理人　この時点で、予定された工事は全て終了していましたか。
……㉑

証人（被告の妻）いいえ、大工が怒って現場を放棄したのです。

原告代理人　あなた方がおっしゃる不具合を除けば、工事そのものは
終了したとうかがってよろしいですか。……㉒

証人（被告の妻）いいえ、工事は終わっていません。

原告代理人　この日以降、原告は工事をしましたか。……㉓

証人（被告の妻）いいえ。

原告代理人　先ほど、あなたは、不具合を除いて工事は終了している、
とおっしゃいました。そのようにおっしゃったことは覚
えていますか。……㉔

証人（被告の妻）そうでしたかね。

裁判官からひとこと

Case 5 について……

1 争いのある点を「解決済み」としないように

　争いがある点につき、自分の主張する事実のとおりであることを前提として、質問をしてしまうケースは意外に多くみられる。

　NG例の②を見てみよう。Case5は、被告は工事が完成していないと主張して代金の支払いを拒絶している事案であるが、「いや、工事は終わっていますよね。」と問いかけており、争いがある事項について自分の主張を確定的なものとしている。

　また、④は、「数万円でおさまるんですよ。証拠も出しています。」と告げているが、証拠が出ているからといって、当該部分の争いはすでに決着がついているというわけではない。

　これらは、広い意味で「仮定を前提とした質問」になってしまっており、証人としては、答えようがなくなってしまう。頭の回転が効く証人であれば、「先生、前提が間違っていますよ。」と述べてくれる可能性もないわけではないが、そのような期待はなかなかできない。

　質問者が意図的にしているのか、そうでないのかは、場合によるのであろうが、前者だとすれば、質問者は証人又は本人が故意に事実と違うことを述べている状況の下で、質問者側の主張が確定していることを前提に問い掛けた結果、それを前提とした答えをぽろっと出すことに期待をかけているのかもしれない。気持ちはわからないではないが、民訴規則の定めに照らすと許容し難いといわざるを得ないであろう。

後者だとすれば、なぜそのような質問をしてしまうのだろうか。あくまでも推測であるが、質問者が、証人又は本人が主尋問で述べた内容について自分の側に有利に解釈してそれを前提に質問をしてしまうのは、質問者において、自分の側の主張に沿った証言・供述を引き出そうという意識が強いことが影響しているのではなかろうか。当該質問が民訴規則違反であることに変わりはないが、このような事態に至らないためには、質問者に対し、証人又は本人の陳述を冷静の分析することを求めるほかはあるまい。

❷ 前に述べた内容の趣旨を「曲解」することのないように

　反対尋問をする側が、証人又は本人が主尋問で述べた内容について、自分の側に有利に解釈し、それを前提に質問をする例も、意外に多い。

　11は、証人が10で、父から指摘されるまで隙間について気にしていなかったとは「言っていません。」と答えたのに対し、「主尋問と話がちがうでしょう。」と問いかけたところ、裁判官から、「父親から指摘されて初めて不具合に気が付いた、とは言っていませんよ。」と指摘されている。

　私が実際に体験した例であるが、質問者が「あなたは、その場面を見ていたのではありませんか。」と尋ねたのに対し、証人が「覚えていません。」と答えたところ、質問者は「見ていたんですね。それでは、その時、○○さんはどのような行動をしていたのですか。」と質問をしてきたということがあった。「覚えていない」と「見ていた」とは明らかに意味が異なるのに、質問者は「見ていて、その状況を覚えているに違いない」との認識の下に、質問を続けたものと考えられる。

　これも私の推測であるが、質問者が、証人又は本人が主尋問で述べた内容について自分の側に有利に解釈してそれを前提に質問をしてしまうのは、❶と同様、質問者において、自分の側の主張に沿った証言・供述を引き出そうという意識が強いことが影響しているのではなかろうか。そうだとすれば、同じように質問者に対し、証人又は本人の陳述を冷静の分析することを求めたいところである。

❸ 反対尋問は、敵性人証を「吊し上げる」ことが目的ではない

　解説❶で述べられている点は、裁判官の立場からも是非肝に銘じておいて
ほしい点である。敵性人証を追い詰めたくなるのは気持ち的にはよくわかる
ところであり、「たじたじでしたね」で溜飲が下がるとの点はそのとおりで
あるが、民事訴訟の目的は正当な権利の実現及び不当な権利実現の阻止にあ
り、対立当事者をへこませることにあるのではない。

　ところが、当事者本人やその近親者ないし支援者は、民事訴訟手続を、相
手方当事者をへこませるための手続（いわば私的制裁）と認識していること
が少なくないのであり、代理人には、その点について当事者本人らに適切な
説明をしておくことを望みたい。

❹ 陳述書は反対尋問の種の宝庫である

　解説❷にあるとおり、反対尋問については、何が語られるかはその時まで
わからないという難しさがある反面、陳述書は重要な手掛かりとなるのであっ
て、事前準備としてそれを検討することを怠ってはならない。

　「民事裁判手続」でも触れたところであるが（同書170頁）、相手方申請の
証人及び本人の陳述書には、反対尋問で突くべき部分が隠れていることが少
なくないのであり、同書で引用した、松本伸也「訴訟代理人の立場での問題
点と改善への期待」（上谷清・加藤新太郎編『新民事訴訟法施行三年の総括
と将来の展望』（西神田編集室、2002）290頁）を、是非参照していただき
たい。

❺ 主尋問を聞いている最中にすべきことは

　解説❸にあるとおり、主尋問を聞いている際に一言一句メモを取る必要は
ない。

　もちろん、あらかじめ陳述書が出ていない場合は別であり、また、陳述書

が出されていても、作成者（証人又は本人）がその内容に沿わない陳述をした場合や、陳述書には記載されていないが本件に関連すると思われる事項を陳述した場合には、メモをとる必要があろう。

ちなみに、主尋問を聞きながら注意を払うべき点は、裁判官についても同じである。

牧田弁護士は、要所でメモをとられると「突っ込まれるかな」と気になるそうであるが、私がメモをとると、相手方の代理人もメモを取っていることがあり、「反対尋問で突っ込んでくれるな。なら補充尋問で聞く必要はなさそうだ。こちらの仕事が減ったな」と思うこともある。

⑥ 証人や本人には事実を語らせよう

解説❹で、議論に陥り、相手に警戒され反発されておしまいとなった理由は、事実を聞かないからとあるが、正にそのとおりといえよう。

本来であれば、質問者と証人又は本人が議論を始める前の段階で、裁判官が、当該質問は民訴規則115条2項5号で禁止されているものであるとして、ストップをかけるべきである。

人証調べは証人や本人に事実を語ってもらう手続である。この点も、「民事裁判手続」171頁〜172頁で触れてあるので、御参照いただければ幸いである。

⑦ 反対尋問では、敵対心を見せず、かつ、終始冷静に

解説❺に、質問の意図がわからないように事実を尋ねていくのがよいとあるが、正にそのとおりであろう。証人や本人が、質問者による質問の意図がわからない状況の下では、警戒心を持つことなく、自身の認識しているところを正直に答え、その結果として、証人や本人が墓穴を掘っていたということも少なくない。こうなれば反対尋問としては成功である。

反対尋問をする場合、どうしても「敵方に切り込んでいく」という意識が働き、ついつい力が入って、証人や本人に厳しめな内容の質問を、厳しめな

口調でしてしまいがちとなる。質問者も人間であるからやむを得ない部分がないわけではないが、あくまでも一般論として述べさせていただくと、笑みを浮かべつつ柔らかな態度で反対尋問に臨むことを心掛けた方が、うまくいくことが多いように思われる。

⑧ 自分に有利な話が出なくても当たり前だと思うこと

　この点に関し、❶及び❷で述べたように、質問者において、自分の側の主張に沿った証言・供述を引き出そうという意識が強いと、質問の意図を察知され、警戒されてしまってうまくいかなくなるおそれがあろう。解説❻にあるとおり、うまくいかないようであっても冷静さを失わないことは必要であり、極論すれば、敵性人証は最後まで自分の側に有利な話をしてくれないものと心得るくらいの気持ちで、反対尋問に臨んだ方がよくはないか（尻尾を出したら儲けものというところであろう。）。

　この「冷静さ」を欠くと、解説❼にあるように、安易に直球を投げてしまいホームランを打たれてしまうといった事態に陥りやすくなると思う。

　「こういう質問をしたらどのような答えが返ってくるだろうか、その答えが自分の側に有利に評価してもらえるだろうか」といった点の吟味をせずに、安易に（おそらくむきになって）質問をしてしまうと、手痛い一発を浴びることになる。冷静に状況分析や計算をしながら、尋問をするということを忘れないようにしていただきたい。

ガンガン攻めたい反対尋問

📋 お題：攻める＝熱意をどう生かすか

　消費者事件である。原告訴訟代理人の立場で、被告従業員の反対尋問をしてみよう。

　原告は高齢女性で、郊外の一戸建てに一人で暮らしていた。

　離れて暮らす親族が自宅を訪問したところ、床に見知らぬ会社の名刺が落ちていた。インターネットで調べたところ、派手な健康食品会社のホームページに行き当たったため、不審に思い家中を探したところ、外の物置に健康サプリの段ボールが未開封の状態で積まれており、その傍らに同じ業者の契約書が何枚も封筒に入って置いてあった。本人に聞くと、ある日健康サプリの販売会社を名乗る営業マンが自宅を訪問し、高額な健康サプリを次々と購入してしまった、そのため1000万円ほどあった預金がほとんどゼロになったり、ローンの契約もさせられてしまった、という。

　原告は一人で暮らす生活能力はあり、認知症とはいえないが、年相応の記憶力、判断力の低下がある。そのため、詳細な陳述書を作成することが難しい。腰を痛めており、ほとんど外出せず、食事は宅配の弁当を取っているとのことである。

　原告代理人は消費者契約法に基づく取消権を行使したが、ほとんどが1年以上前の契約であったため、不当利得返還請求に加え不法行為に基づく損害賠償請求の訴訟を提起している。原告本人尋問を実施したが、あまり覚えていないと述べるにとどまった。被告従業員の主尋問が行われたが、原告にきちんと説明をし、納得された上で契約をした、と証言した。

NG例 熱意が空回りして攻め手に欠いた反対尋問

原告代理人	あなたは、原告が当時いくつかわかっていましたか。……①
被告従業員	91歳です。
原告代理人	今回、あなたは1瓶3万3000円のサプリを売ったんですね。……②
被告従業員	はい。
原告代理人	この瓶が20本入っている箱を、いくつ売ったんですか。……③
被告従業員	20箱です。
原告代理人	その合計は、いくらになりますか。……④
被告従業員	1320万円です。
原告代理人	なぜ、そんなにたくさんの高価なものを売ったんですか。……⑤
被告従業員	ご本人様から、いつまでも長生きしたいとお話がございました。それに、お友達にも分けてあげたい、ということもおっしゃっていました。
原告代理人	原告は、その支払をするために1000万円ほどの預金を使い、ローンも組まされたんですよ。挙句の果てにお金がなくなって、いま大変なんです。わかりますか。そもそもこんな高額なサプリ、必要ないでしょう。……⑥
被告従業員	そうおっしゃられましても、弊社のサプリは希少な高麗人参をふんだんに使用し、滋養強壮に特に優れております。ご本人様からご要望がございましたので、私としましてはご期待に沿うべく、お売りいたしました。
原告代理人	契約書を見ると、全部で10回契約をしていますね。最初の契約が3月1日になっていますが、この日に初めて原告宅

	を訪問したのですか。……⑦
被告従業員	いいえ。最初に訪問をしたのは2月20日ころです。
原告代理人	この時は何をしたのですか。
被告従業員	ご本人様のご自宅を訪問しまして、健康に関するお話をいたしました。ご本人様は、腰が痛くて外にも出歩けず、食事もお弁当サービスで栄養が偏っている、とお悩みでしたので、弊社のサプリの試供品をお渡しいたしました。……⑧
原告代理人	その後、3月1日に訪問したのですか。……⑨
被告従業員	はい。
原告代理人	3月1日にはどんな話をしたのですか。……⑩
被告従業員	2月にお渡しいたしました、試供品のご感想をお伺いいたしました。大変お気に召されたとのことでしたので、1箱お買い上げいただきました。
原告代理人	この時は、クレジット契約も結んでいますね。それはなぜですか。……⑪
被告従業員	お手元に現金がないとのことでしたので、それであればこちらにサインをしていただければ銀行に行かなくても大丈夫ですよとご案内しました。
原告代理人	この時は、何時間原告宅にいましたか。……⑫
被告従業員	2時間くらいです。いろいろなお話をいたしましたので。
原告代理人	次に訪問をしたのは3月16日ですか。……⑬
被告従業員	はい。
原告代理人	なぜ、訪問したのですか。……⑭
被告従業員	サプリがお体にあうかどうか、ご様子をお伺いに参りました。
原告代理人	この時は、3箱買わせていますね。なぜですか。……⑮
被告従業員	弊社のサプリを飲んでいただいた後、よく寝られるとお喜びでしたので、追加でお買い上げいただきました。
原告代理人	この時は、クレジット契約ではなく、現金ですね。なぜ現金なのですか。……⑯

被告従業員	クレジットよりも現金がよいとのことで、そのようにいたしました。
原告代理人	原告の銀行の通帳を見ると、3月16日に200万円の払い出しがあります。ここから3箱分のお金を支払った、ということですか。……17
被告従業員	はっきり覚えていませんが、そうだったかもしれません。
原告代理人	これ、同じ日ですよ。あなたは原告と一緒に銀行に行って、窓口でお金をおろしたのではないですか。……18
被告従業員	いいえ、違いますよ。
原告代理人	よく考えてください。嘘をつくと偽証の罪に問われますよ。一緒に銀行で手続きしていませんか。……19
被告従業員	いいえ。していません。
原告代理人	このサプリの箱ですが、未開封で全く飲んでいなかったんですよ。あなたそれを承知で、この後16箱も売ったんですか。……20
被告従業員	詳細は存知ませんが、ご本人様が欲しいとおっしゃるものですから。
原告代理人	それにしても、一般の人が、1300万円以上もサプリを買うと思いますか。……21
被告従業員	弊社のサプリは、その機能、品質において世界最高の水準と自負しております。それだけの価値があるため、多くのお客様にお求め頂いております。

（以下略）

解説!

Case⑥ ガンガン攻めたい反対尋問

❶ 争点を意識して、反撃の材料を整理しよう

　Case6では、過量販売、次々販売行為が問題となっている。高齢者に着物などを大量に売ったり（過量販売）、何度も繰り返し売ったり（次々販売）する行為は、かつてこれを直接規制する法律がなく、特定商取引法違反や公序良俗無効、条例や不法行為に基づく損害賠償など様々な法律を駆使して事案の解決を目指したものである。平成28年に消費者契約法が改正され、ようやくこの問題が立法的に解決されることになった。

　本件では、健康サプリを販売した回数や期間からみて、明らかに過量販売と言えるが、取消権の行使期間が経過している契約もあるため、不法行為に基づく損害賠償請求も行っている。そのため、回数や期間のみならず、販売方法が不法行為を構成するほど違法・不当であるということを明らかにし、裁判官の良心を突き動かさなければならない。

　ちなみに、この「違法・不当」という規範をどのように具体化するかということが一番の悩みどころになるが、本題から外れるので割愛しよう。

❷ まず、事件の詳細を把握する

　反対尋問の大きな材料は、自分の依頼者の「あんなの、嘘ですよ。」という指摘（怒り？）である。事件当時依頼者は相手方と同じ事実を見聞きしているのであり、相手方の主張や陳述書と依頼者の認識が異なれば、どちらかの主張が間違っているということになる。もちろん、依頼者の言い分の真偽は慎重に見極める必要があるが、まずは「ここが違う」という指摘がなければ先に進まない。その依頼者からのエネルギーを受け止めて、反対尋問の準備を進めていくのが通常であろう。

ところが、本件では、原告本人は認知能力の低下で多くを語れない。NG例は、相手を追求しようという気持ちが感じられるが、詳細な事実がわからないので攻め手を欠いているようだ。こんなときに、原告本人を追及して「なんで覚えていないんですか」などとむきにならないように。交通事故や医療過誤で、当時を体験した本人が死亡し事情を聞けないということは珍しくない。

　ではどうすればよいか。

　本人から詳細な事情を聞くことができないのであれば、客観的な証拠や事情を最大限に駆使し、想像力を大いに働かせて当時の状況を推論していくことが必要となる。

　原告は90歳を超えており、腰を痛めており、食事も宅配とのことである。そして、通帳の取引履歴を見ると、被告との契約に合わせて大きなお金が引き出されている。ここから何を推測するだろうか。

　同じように、サプリが納戸から封も切られずに出てきて、傍らに契約書もあったという事実から、何を推測するだろうか。

　まずは、原告や販売員の行動を、脳内で追体験することをしてみよう。思い付きでも結構。その仮説の追体験が、客観的事実と整合するか、反するかを細かく検証していく。事実だけでなく、当事者の心理や合理的考えも推し量って、過去の事実を再現していく作業である。例えば、契約日と預金払い出しの日が一致している→その日に銀行に行ったはずだ→銀行は遠くにある→ほとんど外出しない原告はどうやって銀行に行ったのか→販売員は、箱を積んで車で来ていたのではないか→原告を車に乗せて、銀行に連れて行ったのではないか→高齢女性が窓口で解約をするのに、不審がられないか→何か手を打ったのではないか……という具合である。

　このように考えると、尋問の準備として、追加で調べたいことも思いつくだろう。例えば、払い出しの伝票は誰が書いたのかを知るために、銀行に開示請求をする、などである。尋問の前日になってあれもすればよかった、とならないように、早めに準備をするとよい。

③ 事実を確認してから追及する

　NG例の⑯と⑰を見てほしい。折角通帳の払戻と契約日が一致していることを見抜き、そこを突いているところはよいのだが、販売員に警戒されて突き崩せない。それは、いきなり核心を聞いているので、質問の対象が広くなっているからである。こうならないように、まず細部の動かしがたい事実を聞いてから、それを前提に核心事実に切り込もう。

　そのためには、質問の順番が極めて大事である。ここは強調したい。

　同じ質問事項を持っていても、反対尋問では質問の順番により、相手の回答がまるで違うことがある。そのため、尋問の準備で、相手にどの事実をどのような順番でぶつけるか、それによりどのような回答が返ってくるかを想定しよう。

　同じくNG例の①〜④を見てほしい。⑤で過量販売であるということの認識を問うための前提の質問である。最初からいきなり切り込んでしまうと、証人に警戒され、その後の細かい事実の確認も「覚えていません」とかわされる可能性がある。被告販売員は、被告の組織の一員であるが、従業員にすぎないのであろうから、わが身を犠牲にして会社のために偽証罪に問われるような嘘はつかないだろう。ただ、聞かれていないことをあえて話すことはしないし、うまく曖昧にごまかすことはする。その最たる回答が「覚えていません」である。

　こうならないよう、まずは相手が答えやすい事実や、争いのない事実からスモールステップでテンポよく質問するのがよい。

④ 一問一答を死守！

　NG例⑥を見てほしい。折角、預金の話を出したのに、続けて「そもそもこんな高額なサプリ、必要ないでしょう。」と述べてしまった。この質問と回答に、違和感はないだろうか。

　話し言葉は時間の流れに従って一方向に進んでいく。そして、聞き手の

記憶には直近の言葉が残るのであり、直近の質問に答えればそれで辻褄があうように見える。この聞き手は、尋問を受ける本人や証人だけでなく、裁判官や書記官、相手の代理人や傍聴人もそうであるし、質問をしている自分にもそう聞こえる。そのため、6では、二つの質問のうち最初にされた「挙句の果てにお金がなくなって、いま大変なんです。わかりますか。」という質問が無効化されてしまい、後の質問「そもそもこんな高額なサプリ、必要ないでしょう。」のみがクローズアップされてしまった。販売員にとってみれば、前者の質問は答えに窮するが、後者は待ってました、得意分野であり滔々と答えることができる。

この、「二問一答」は、時折みられる失敗である。しかも、後で尋問調書を読んで気が付くという厄介な失敗である。そもそも質問が「二問」になっているのは、第一問目の質問があまり重要でなかったり、なんとなく聞いてみるかというものであったり、どうせ答えないんでしょ、という投げやりな気持ちであるというのが原因ではないだろうか。逆に、「一問一答」にすることで、全ての質問をごまかすことができず、その結果、ピリッと引き締まった尋問になる。

余計な意見や感想を含めず、まずは「一問一答」を忠実に守ろう。

❺ 反対尋問でどこまで攻めたら心証形成に影響を及ぼすか

OK例を見てほしい。先ほどから述べている「核心」とは、「訪問販売員が預金払い出しをさせたのではないか」「訪問販売員が取消権の行使を妨げるため、あえてサプリと契約書を納戸に運んだのではないか」ということである。販売員はこの点のらりくらりとかわしており、これらを直接認める証言は得られなかった。ただ、最後のほうはたたみかけており、追い詰めたという感触がある。

この場合、裁判官はどのような心証を形成するのだろうか。柴﨑裁判官に聞いてみよう。

また、尋問者の質問により、心証を形成することがあるのだろうか。

例えば、不貞の事実を立証するため、「あなたはこの日、被告と一日デー

トして同じホテルに泊まりましたね。」「はい。でも部屋は別です。」「二部屋とったが、一部屋に二人で泊ったのではないですか。」「いいえ。」「では、二人別に宿泊したとしても、ホテル滞在中にどちらかの部屋において性交渉をしたのではないですか。」「ありません。」というように、しつこく追及することは珍しくない。従前の主張から、証人が「はい」と認めないことは百も承知であるが、代理人としては、質問だけでもして裁判官に有利な心証を形成してもらおう、と思うところである。質問が心証形成のダメ押しになるということもあるのだろうか。

　その他、反対尋問で期待する回答が得られなかったが、心証形成に影響した、という「おもわず膝を打つような」尋問があればお教えいただきたいと思う。

OK例　事実の質問を積み重ね追い詰める反対尋問

原告代理人	初めて原告の自宅を訪問したのはいつですか。
被告従業員	2月20日ころです。
原告代理人	なぜ、原告の自宅を訪問したのですか。
被告従業員	このあたりのエリアを担当しており、その一環として参りました。
原告代理人	事前に電話はしましたか。
被告従業員	していません。
原告代理人	この日は何時に原告の自宅を訪問したのですか。
被告従業員	細かいことは覚えていませんが、午後と思います。
原告代理人	この日は何をしましたか。
被告従業員	ご本人様のご自宅を訪問しまして、健康に関するお話をいたしました。ご本人様は、腰が痛くて外にも出歩けず、食事もお弁当サービスで栄養が偏っている、とお悩みでしたので、弊社のサプリの試供品をお渡しいたしました。
原告代理人	この日は何時までいましたか。
被告従業員	覚えていません。
原告代理人	原告の自宅に滞在していたのは、何時間ほどですか。
被告従業員	1時間程度と思います。
原告代理人	訪問したのは、車ですか、電車やバスですか。
被告従業員	車です。
原告代理人	どのような車ですか。
被告従業員	商用のワゴンです。
原告代理人	車の中には、商品が積んであるのですか。
被告従業員	はい。そうです。
原告代理人	毎回、その車で訪問をしたのですか。
被告従業員	はい、そうです。

原告代理人	その後、3月1日に訪問しましたか。
被告従業員	はい。
原告代理人	なぜ、3月1日に訪問したのですか。
被告従業員	2月にお渡しいたしました、試供品のご感想をお伺いするためです。
原告代理人	この日は、どのような話をしましたか。
被告従業員	大変お気に召されたとのことでしたので、1箱お買い上げいただきました。
原告代理人	その場で、車から1箱持って来て渡したのですか。
被告従業員	はい、そうです。
原告代理人	この時は、クレジット契約を結んでいますね。なぜですか。
被告従業員	お手元に現金がないとのことでしたので、それであればこちらにサインをしていただければ銀行に行かなくても大丈夫ですよとご案内しました。
原告代理人	この時は、何時間原告宅にいましたか。
被告従業員	2時間くらいです。いろいろなお話をいたしましたので。
原告代理人	次に訪問をしたのは3月16日ですか。
被告従業員	はい。
原告代理人	なぜ、訪問したのですか。
被告従業員	サプリがお体にあうかどうか、ご様子をお伺いに参りました。
原告代理人	あらかじめ、電話をして約束をしていたのですか。それともアポなしですか。
被告従業員	アポイントはございません。
原告代理人	なぜ、アポなしで訪問したのですか。訪問して留守だと困りませんか。
被告従業員	いつもご自宅にいらっしゃいますので。万一ご不在でしたら、別日にお伺いいたします。
原告代理人	原告の自宅に何時に到着しましたか。
被告従業員	午前中だったと思います。
原告代理人	原告の自宅を出たのは何時ですか。

被告従業員	お昼過ぎと思います。午後は別のお客様を訪問していますので。
原告代理人	この時は、3箱買わせていますね。なぜですか。
被告従業員	弊社のサプリを飲んでいただいた後、よく寝られるとお喜びでしたので、追加でお買い上げいただきました。
原告代理人	この時は、クレジット契約ではなく、現金ですね。なぜ現金なのですか。
被告従業員	クレジットよりも現金がよいとのことで、そのようにいたしました。
原告代理人	それは、当日言われたことですか。
被告従業員	はい。
原告代理人	代金は、3箱だと198万円です。原告はこの現金をどうやって用意したのですか。
被告従業員	銀行でおろしたのではないでしょうか。
原告代理人	どこの銀行でおろしたか、わかりますか。
被告従業員	さあ、詳しくは存知ません。
原告代理人	あなたは、はたはた銀行漁火通り支店に行ったことはありますか。
被告従業員	さあ、でもこの辺の銀行ですよね。あるかもしれません。
原告代理人	原告の自宅から、この銀行まで、何キロ離れていますか。
被告従業員	距離ですか……ちょっとわかりません。
被告従業員	甲34号証を示します。最短ルートでも、15キロあります。
被告従業員	はあ。
原告代理人	甲23号証を示します。これは原告のはたはた銀行漁火通り支店の通帳です。この日に200万円、同支店で引出があります。あなたは、この日、原告を車に乗せてこの銀行へいきましたか。
被告従業員	一緒に行ったかもしれません。
原告代理人	なぜですか。
被告従業員	歩くのがつらいので、銀行まで乗せてほしい、とおっしゃっ

たからです。

原告代理人	銀行へ着いた後、あなたはどうしましたか。
被告従業員	駐車場に車を止めて、待っていました。
原告代理人	銀行の中に入りましたか。
被告従業員	いいえ。
原告代理人	それはなぜですか。
被告従業員	預金をおろすというプライベートなことですので、遠慮いたしました。
原告代理人	その後どうしましたか。
被告従業員	ご本人様が銀行から出てきました。
原告代理人	その後どうしましたか。
被告従業員	ご本人様を車に乗せて、ご自宅に戻りました。
原告代理人	その後どうしましたか。
被告従業員	サプリ3箱をお渡ししました。
原告代理人	代金はいつ受け取りましたか。
被告従業員	その場です。
原告代理人	それは、先ほど原告が銀行からおろしてきたお金ですか。
被告従業員	そうです。
原告代理人	お金は銀行の封筒からもらったのですか。
被告従業員	はい。100万円の札束が2枚ありましたので、そこから2万円を引いて残りを受取りました。
原告代理人	その3箱を、どうしましたか。
被告従業員	ですから、お渡ししました。
原告代理人	原告の自宅の外の納戸に、運び込んでいませんか。
被告従業員	さあ、何度か運んだことはありますが、その日かどうかわかりません。
原告代理人	この日、あなたは3月1日に売った箱がどうなったか、確認をしましたか。
被告従業員	いや、とくには……。
原告代理人	1箱20瓶入っていますよね。

被告従業員	はい。
原告代理人	あなたが売ったのは、全部で20箱ですよね。
被告従業員	はい。
原告代理人	甲19号証を示します。この写真を見てください。未開封の箱が20箱あります。これはあなたが全部、納戸に運んだのではないですか。
被告従業員	全部かどうかはわかりません。
原告代理人	なんで、納戸に運んだのですか。
被告従業員	ご本人様から、とりあえず納戸に運んでほしい、と言われたからです。
原告代理人	契約書も、一緒に納戸に運んでいませんか。
被告従業員	それはないと思います。なんでそんなことをするんですか。
原告代理人	原告の親族が家に来たときに、ばれないようにする為ではないんですか。
被告従業員	それは言いがかりではないですか。
原告代理人	銀行で原告がお金をおろしてきた時のことですが、200万円をおろすように助言したのはあなたではないですか。
被告従業員	覚えていません。
原告代理人	銀行に行く前に、代金が198万円であることは原告に説明しましたか。
被告従業員	はい。
原告代理人	あなたはが売ったサプリは、1瓶で何日分入っていますか。
被告従業員	60日分です。
原告代理人	そうすると、20瓶入りの箱を20箱売ったのですから、2万4000日分、65.7年分のサプリを売ったことになりますね。
被告従業員	細かい計算は定かではありません。
原告代理人	90歳を超えた原告が、そんなにたくさん飲めると思ったのですか。
被告従業員	お友達にも分けてあげたいというお話が……。
原告代理人	友だち何人分だと思ったんですか。

被告従業員	わかりません。100人くらいいらっしゃるのではないでしょうか。
原告代理人	売った代金の総額は1320万円です。そして約1000万円の預金が払い出されました。あなたは、毎回銀行に連れて行って、お金をおろすのを手伝ったのではありませんか。
被告従業員	毎回かどうかはわかりません。
原告代理人	最後の契約は、クレジットを組んでいますね。それはなぜですか。
被告従業員	ご本人がそれをご希望されましたから。
原告代理人	原告が、もう銀行のお金がなくなっちゃった、と言ったからではないんですか。
被告従業員	定かなことはわかりません。
原告代理人	それでもあなたは、原告に売りつけたんですか。
被告従業員	ご本人がご希望されましたので。
原告代理人	しかも、全部未開封ですよ。
被告従業員	ご本人様がご所望されましたので。
原告代理人	今回のクレジット契約の引き落とし口座は、どの銀行と指定されていますか。
被告従業員	はたはた銀行漁火通り支店です。
原告代理人	でも、その口座はその前の契約でほとんど残金がないんですよ。引き落としができなくなると思わなかったのですか。
被告従業員	ご本人様のご資産に関することは、一切関知しておりません。

以上

裁判官からひとこと

Case ⑥について……

1 直接の関係者から聴取できないときは

　解説❷にあるように、事件に直接関係している者から事情聴取できない場合には、客観的な証拠・事情から推論していくほかはない。当事者本人が高齢な場合や、被害者自身が死亡して相続人が訴えを提起した場合、更には訴え提起後に当事者本人が死亡して相続人が訴訟手続を承継した場合など、直接の関係者を尋問できないケースは決して少なくない。そのようなときでも、リアルタイムで作出された文書（書証）は、その当時の出来事を客観的に反映しており、当時の事情を解明する有効な手掛かりとなるはずであり、率直にいえば、文書のほうが関係者の話よりも客観的真実を反映している可能性が高いように思う（裁判官は人証より書証のほうに重きを置きたくなるものである。）。

2 反対尋問でたたみかけた場合の心証形成について

　OK例の最後で、尋問者がたたみかけて証人を追い詰めたことによる心証形成について、牧田弁護士から質問があったので、お答えしよう。

　証人又は本人が「たたみかけられ」て、冷静さを失ったり頭の中が混乱したような状況の下でした証言・供述については、それらを評価する際に相当注意を払う必要がある。すなわち、質問者から痛い所を突かれて自己保身を図ろうとすることに頭がいっぱいになって、的を射た証言・供述ができなく

なるような場合もあるが、自身の認識しているところを正しく陳述しようという意思はありながら、頭の中が混乱して質問の趣旨を正確に把握できず、変な証言・供述をしてしまうような場合もあり得るのであって、証人や本人がしどろもどろになったからといって、反対尋問が功を奏し、反対尋問者に有利に事実認定をすべきものと断じるのは危険である。

裁判官としては、質問を一旦ストップさせて、証人や本人に落ち着くように話し掛け、冷静さを取り戻させた上で、質問を再開すべきであろう。そのような手順を踏んでもなお証人や本人が的を射ない証言・供述に終始するようであれば、これはもう「救いようがない」というほかはない。

 3 尋問者の質問による心証形成について

牧田弁護士から、尋問者の質問により心証を形成することがあるかとのお尋ねがあったが、これに対しては、「ない」というのが答えである。証拠となるのはあくまで証人の証言・本人の供述であって、質問そのものは一方当事者の主張を踏まえた上での問い掛けにすぎないからである。そのため、尋問自体が「思わず膝を打つ」ようなものであったことを理由に尋問者側に有利な認定をしたような経験もない。

もっとも、質問による印象操作が効いて質問どおりの事実認定をしてしまう裁判官がいないとは限らないが、そのような事実認定をした判決は、上訴裁判所からその点についての指摘を受けることになろう。

4 「原点回帰」に終始する陳述が出れば概ね成功

OK例では、証人が「ご本人がご希望されましたので。」、「ご本人様がご所望されましたので。」と、全てが顧客である原告本人の意向であるとの抽象的な回答に終始するようになっている。商いにおいては顧客の意向に沿った商売をするのが原則といえるが、このように「原点回帰」的な証言・供述に終始するのは、「逃げ場を失った」ことを示すものと考えられ、証言の信ぴょう性に疑問を抱かせる事情ということができる。

5 「原理原則論」を繰り返す、信ぴょう性に乏しい供述の例

　似たような事例で、「原理原則論」を繰り返すような証言・供述が出てきた場合にも、同様のことがいえる。

　例えば、投機的取引で損失を被った顧客が証券会社等に損害賠償を求める事案で、原告の担当者（被告の従業員）に対する証人尋問の際に、原告にどのような説明をしたのかについて質問されたのに対し、「〇月〇日〇時頃、原告宅にお伺いして、持参した乙〇号証の資料を示して、利益が出る場合と損失が出る場合について、細かく説明しました。」、「原告からは●●との点について質問があったので××と説明しました。」、「退去したのは〇時頃でした。」といった具体的な証言をせず、「私は原告に対して、この商品は『ハイリスク・ハイリターンです』と説明しました。」といった証言に終始するような場合である。

6 具体的事実の経緯を問う質問をしよう

　これらのように抽象的な証言・供述に追い込むには、やはり問題となっている事実関係について、その当時に生じた具体的事実の経緯を問いただすのが、有効といえるのではないだろうか。

　もちろん、時間が経過していることで記憶が薄れているという事態も十分想定されるが、具体的事実を話そうとする態度を示しつつも詳細部分は思い出せないという証言・供述をするのではなく、原理原則論を振りかざすことに終始するようであれば、反対尋問としては成功といえよう。

LESSON 5

異議の
NGをなくそう！

主尋問に対する異議

お題：相手の主尋問に異議を述べるか述べないか

　原告は、夫と10年前に結婚をし、6歳の子どもがいる。

　原告は、夫が勤め先の女性と不倫をしたとして、同女性を訴えている。

　被告は、夫と性的関係を持っていた事実は認めた上で、原告と夫との婚姻関係は破綻していると主張している。

　被告訴訟代理人が被告の主尋問を実施するので、原告訴訟代理人の立場から異議を述べるか述べないか、考えてみよう。

NG例 何ら異議を述べなかった場合

被告代理人	あなたと世之介さんは、もともと同じ会社の先輩・後輩という関係ですね。……①
被　　告	はい。
被告代理人	あなたが入社した時は、世之介さんは同じ部署の主任という立場でしたね。……②
被　　告	はい。
被告代理人	あなたは入社当初、世之介さんがいる営業２課に配属され、去年から経理課に配属されたということでいいですか。……③
被　　告	はい。
被告代理人	あなたは世之介さんと、２年前に男女交際をしていたということですね。……④
被　　告	はい。
被告代理人	そういう関係になった経緯は、陳述書に書いたとおりですね。……⑤
被　　告	はい。間違いありません。
被告代理人	交際期間は約１年で、今はもうそういう関係にはないということですね。……⑥
被　　告	はい。
被告代理人	ところで、原告と世之介さんは、同じ大学のサークルで出会ったんですよね。……⑦
被　　告	そうです。
被告代理人	原告は、世之介さんと知り合うと、その後まもなくサークルに来なくなったようですが。……⑧
被　　告	はい。ハイキングのサークルなのですが、実際には結構ハードな活動をするサークルだったらしく、奥様は入会してももっ

	ぱらキャンプやドライブや飲み会しか来なかったようです。一方世之介さんは山が好きだったので、仲間とアイゼンを使って雪山に行ったり、ハーネスをつけて岩山を登ったりしていたそうです。
被告代理人	世之介さんと奥様は、交際をしてから一度別れていますね。……⑨
被　　告	はい。奥様は大学2年生の時、世之介さんを振って別の男性と付き合っていました。ところが世之介さんが大学4年で大手の会社に就職が決まると、また言い寄ってよりを戻して結婚をしたそうです。
被告代理人	あなたから見て、原告はどういう人物だと思いますか。……⑩
被　　告	ご都合主義というか、山が好きでもないのにサークルに入って世之介さんにちょっかいを出したり、世之介さんが山に没頭すると別の男の人とくっついたり、最後に大手企業に就職するとまたよりを戻したり、とにかく身勝手だと思います。
被告代理人	世之介さんは、奥さんとの関係についていろいろ悩んでいたんですよね。……⑪
被　　告	そうとう深刻でした。
被告代理人	どんな悩みでしたか。……⑫
被　　告	家に帰っても会話がないとか、ご飯も出してくれない、とか、土日は奥様はお子さんを連れて実家に帰ってしまう、とかです。
被告代理人	それで世之介さんは、離婚の手続き中ということをあなたに言ったのですね。……⑬
被　　告	そうです。
被告代理人	あなたはそれで、どう思いましたか。……⑭
被　　告	大変だなって思いました。
被告代理人	あ、いや世之介さんと奥さんは、すでに婚姻関係が破綻し

	ている、と思ったのではないですか。……15
被　　　告	そうです。
被告代理人	そういう話を聞いて、あなたは世之介さんとそういう関係になったということですか。……16
被　　　告	そうです。

Case 7 主尋問に対する異議

① 異議の難しさ

これまでのレッスンで、度々異議について検討してきた。今回は、よく出る異議のケースを検討しながら、異議についてまとめてみよう。

異議を述べるのは難しい。それは次のような理由からであろう。

まず、異議は予定されたものではない。「ここで異議を述べる」という台本はない。

次に、異議はその場で、質問が出た後証人等が回答する前に述べなければならない。「先ほどの尋問ですが、誘導尋問ですので異議ありです。」と言っても、すでに質問がなされ、回答がされてしまったのであれば意味がない。

そして最も難しいのが、異議を述べるために相手の尋問を聴いているのではないということ。主尋問であれ反対尋問であれ、相手の尋問中は質問を聞いて、証人や本人がどのような回答をするかという内容に注意を向けているはずである。質問が異議事由にあたるか否かだけに注目するわけにはいかない。

加えて、異議は相手方代理人と証人、本人が問答をしている流れを断ち切って行わなければならない。私も、読者の多くの方も、子どもの頃から学校で「人が話をしているときは最後まで聞きましょう」と繰り返ししつけられてきた。人の話を遮るのは生理的に苦手だ、ということもある。まして聞き上手な弁護士であれば尚更だ。

② 異議の準備と心構え

では、異議を述べるにあたりどのような準備や心構えを持てばよいのだ

ろうか。

　まず、事前に相手の主張や陳述書をきちんと読み込み、相手の尋問中は相手の質問からどのような回答がなされるかを予測したり、次の質問を予測しながら尋問を聴くこと。これは証拠調べの事前準備ですでに行っていることであり、相手の尋問を聴く際の心構えで述べたところと全く同じであるため、異議を言うための特別な準備は不要である（特別な準備としては、本書のLESSON1のPOINT3の「主要な異議と反論一覧」などをコピーして尋問当日目につく場所に置いておくくらいか）。

　これらの準備により、質問の意図や質問の順番がなんとなくわかる。そして、そこから外れた違和感のある質問は、誘導しようとしたり、関係のない質問なのではないかという検討がつくので、その質問を待ち構えて吟味すればよい。

　次に、禁止される質問全てに異議を述べる必要はないと思うこと。LESSON3のCase3の解説❻で触れたように、主尋問で誘導尋問がなされても、後の反対尋問でその証言の信用性を減殺できる見通しがあるのであれば、あえてそのままにするという戦略もある。異議を述べるか述べないか迷っているうちに、回答がなされ次の質問に移ってしまうとがっかりするが、一つ二つの見逃しで大きな失点になることはない。些細なところはスルーしつつ、争点の核心部で禁止される質問が出たら異議を述べればよい。

　そして、早めに質問者のくせを見抜くこと。異議がでないように細心の注意を払って尋問をする弁護士がいる反面、ルーズなのか意図的なのか、誘導尋問や誤導尋問を繰り返し、気に入らない回答があると恫喝するような尋問をする弁護士もいる。後者であれば、質問が争点の核心部にはいったときに異議を述べようと身構えておくと、異議を述べやすい。

　あとは、失敗を恐れずやってみること。ある質問に対し異議を認めるか認めないかは、判断をする裁判官によっても考え方が異なることがある。野球で言えば、球審によってストライクゾーンの取り方に微妙に違いがあるといわれているのに似ているだろうか。異議が認められなかったとしても、めげることはない。なんでもないところで異議を頻発するのは慎むべ

きであるが、ここぞと思ったのであればきちんと異議を述べてみよう。異議の見極めは、経験の積み重ねで身につくものだと思う。

③ 異議を出すか出さないか

　NG例①〜③を見てみよう。テンポよく誘導尋問で聞いている。主尋問ではあるが、争いのない事実であり、陳述書にも記載されているだろうから、ここは異議を出す理由は乏しい。

　④、⑤はどうだろうか。2年前から不貞関係に至ったということも争いがなければ、ここもスルーしてよい。もし、いつからかということこれまで顕在化しておらず、突然尋問で「2年前」という質問が出たのであれば「誤導尋問」として異議を出す。2年前かそれよりも前かということが争点になっているのであれば、「誘導尋問」として異議を述べてもよいし、反対尋問で揺さぶれそうであればスルーしてもよい。

　⑥も、後に反対尋問で追及するなら、スルーしてもよい。

　⑦を見てみよう。話題が転換している。事前に準備書面や陳述書でこの話が出ていなければ、おそらく原告との打ち合わせでも聞いていない情報であるため、相手の尋問を聴いている原告代理人の頭の中で「要注意」のアラームが点滅するだろう。ただ、何を引き出そうとしているのかわからないので、ここで異議を述べるのは難しい。

　⑧はどうだろうか。質問が、原告の悪口に近いものになっている。ここで、相手方は被告に、原告の悪口を言わせて原告の悪性格や素行の悪さを立証しようとしている、と予想できるだろう。原告代理人としては、その企みを阻止したい。この時点でアラームは「要警戒」に引き上げられる。気の早い人は、ここで異議を述べるかもしれない。

　そして⑧の回答を聞いて、ああやっぱり悪口だ、とわかったら、次の質問ですかさず異議を述べよう、と待ち構える。

　そして⑨の質問を聞いて、「関連性なし」の異議を出す。もちろん被告代理人は、関連性があると主張するだろう。そうだとしても、被告の立証趣旨は、性的関係に至った時にはすでに婚姻関係は破綻していた、という

のであるから、ダメ押しで伝聞供述＝被告が直接経験していない事実の陳述を求める質問であると異議を述べる。

　被告代理人のこの質問の狙いは原告に対する悪口を引き出して、裁判官の原告に対する心証を悪くさせようというものであり、かつ被告から語られるのは伝聞事実でしかないのであるから、原告代理人としては頑張って質問を阻止したいところである。

４　許容される誘導尋問か否か

　NG例⑪は、どうだろうか。質問の仕方は誘導尋問であるが、陳述書などで出ていれば、話のテーマ設定としてあえて異議を出さなくてもよいと思う。

　⑫は、この代理人にしてはめずらしく誘導でない聞き方をしている。ここは問題がないだろう。

　では、⑬はどうだろうか。おそらく陳述書には同じようなことが書かれていると思われるので、異議を述べても同じ答えが返ってくるかもしれない。他方、ここが争点であり、直接被告から話を聞くべきだと考えれば、「誘導尋問」の異議を出す。

　更に⑮をみてみよう。⑭でオープンクエスチョンをした結果「大変だなって思いました。」という回答が出た。この回答が被告代理人の意図する回答でなかったことから、被告代理人はあわてて⑮の質問を発し、フォローしようとしている。

ここで「誘導尋問」の異議を述べるかどうか、悩ましい。話の核心部分であるし、先ほどから悪口以外はほとんど誘導の質問がなされ、被告は全部「はい」しか答えていないのであるから、その程度の準備しかしていないのではないか、陳述書も被告代理人の創作かもしれない、と推測できる。反対尋問で追及するよりも、主尋問で素のままの事実を語って自滅してもらう方がはるかによい。

　他方、下手に追及すると、被告から様々な事実が語られるおそれがある。被告にとってこの質問は自らの正当性（婚姻関係が破綻していたと思って

いた＝故意の否定）に関するところであるから、すでに提出されている陳述書以上に詳細を語ることも可能であろう。LESSON4のCase6で触れた、相手を有利にさせてしまう結果になりかねない。反対尋問では、まずいと思ったら止めることができるが、「誘導でなく具体的に質問すべき」という異議を出した結果、詳細な事実が出てしまったら止めようがない。そうであれば、誘導されて一言で終わってしまった⑮のほうがまだましである。

⑤ OK例での工夫

⑨については、まず関連性の観点から異議を述べ、更に追加で直接経験していない事実であるということも指摘している。最初からずばり異議の理由を述べられればよいが、議論をしている間に思いつくこともある。理由が複数あると思ったら、まず明らかな方で異議を出して、尋問を止めるようにしよう。

⑭以降については、反対尋問で崩すことにして、主尋問での異議は見送った。

OK例 的確に異議を述べた場合

被告代理人	あなたと世之介さんは、もともと同じ会社の先輩・後輩という関係ですね。……[1]
被　　告	はい。
被告代理人	あなたが入社した時は、世之介さんは同じ部署の主任という立場でしたね。……[2]
被　　告	はい。
被告代理人	あなたは入社当初、世之介さんがいる営業2課に配属され、去年から経理課に配属されたということでいいですか。……[3]
被　　告	はい。
被告代理人	あなたは世之介さんと、2年前に男女交際をしていたということですね。……[4]
被　　告	はい。
被告代理人	そういう関係になった経緯は、陳述書に書いたとおりですね。……[5]
被　　告	はい。間違いありません。
被告代理人	交際期間は約1年で、今はもうそういう関係にはないということですね。……[6]
被　　告	はい。
被告代理人	ところで、原告と世之介さんは、同じ大学のサークルで出会ったんですよね。……[7]
被　　告	そうです。
被告代理人	原告は、世之介さんと知り合うと、その後まもなくサークルに来なくなったようですが。……[8]
被　　告	はい。ハイキングのサークルなのですが、実際には結構ハードな活動をするサークルだったらしく、奥様は入会してももっ

ぱらキャンプやドライブや飲み会しか来なかったようです。一方世之介さんは山が好きだったので、仲間とアイゼンを使って雪山に行ったり、ハーネスをつけて岩山を登ったりしていたそうです。

被告代理人	世之介さんと奥様は、交際をしてから一度別れていますよね。……⑨
原告代理人	異議あり。本件とは関係のない質問です。被告代理人は、先ほどから本件と関係のない質問を続けています。
被告代理人	原告の夫婦関係が破綻しているということについて、関連する質問です。
原告代理人	学生時代の交際していた時の話は本件には関係ありません。それに、学生時代の交際状況について被告に尋ねるのは、直接体験していない事実の陳述を求める質問でもあります。
裁 判 官	異議を認めます。質問を変えてください。
被告代理人	世之介さんは、奥さんとの関係についていろいろ悩んでいたんですよね。……⑩
被 告	そうとう深刻でした。
被告代理人	どんな悩みでしたか。……⑪
被 告	家に帰っても会話がないとか、ご飯も出してくれない、とか、土日に奥様はお子さんを連れて実家に帰ってしまう、とかです。
被告代理人	それで世之介さんは、離婚の手続き中ということをあなたに言ったのですね。……⑫
被 告	そうです。
被告代理人	あなたはそれで、どう思いましたか。……⑬
被 告	大変だなって思いました。
被告代理人	あ、いや世之介さんと奥さんは、すでに婚姻関係が破綻している、と思ったのではないですか。……⑭
被 告	そうです。

被告代理人　そういう話を聞いて、あなたは世之介さんとそういう関係
　　　　　　になったということですか。……15
被　　　告　そうです。

裁判官からひとこと

Case **7**について……

1 異議を出すべきか否かの判断は、経験を積むのが一番か

　異議については牧田弁護士がLESSON1の（POINT3）にまとめておられる。ここにもあるとおり、できればまとめの一覧などを見ないで瞬時に判断できるようにしておくことが望ましいが、言うは易く行うは難しである。

　裁判官の立場からすると、初めて単独事件を担当することになったときの大きな課題の一つが、異議への対応である。判決の内容及び書き方についてはじっくり検討する時間があるが、当事者から異議が出された場合には即座に対応しなければならない。更にいえば、左陪席の時代においても、当事者から異議が出されれば、裁判長から直ちに意見を求められる。自分の経験からしても、左陪席の頃は異議が正当かどうかについて即断できなかったような記憶があるが、単独事件を担当し始めた頃にはさほど迷わなくなったように思う。結局のところ、異議については経験がものをいうところではないか。

2 NG例 1 ～ 9 について（関連性の点を中心に）

　NG例の 1 ～ 3 は解説❸のとおり異議を出す理由に乏しい。また、 4 ～ 6 は男女関係を持っていた時期ないし期間、そして現在も関係を持ち続けているか否かについて争いがある事案であれば、当然異議を出すべきであろうが、争いがなければ異議を出す必要はないといえる。

　さて 7 であるが、「原告と世之介の出会い」について言及し始めたところで、

裁判官としてはやはり違和感を覚えるところである。その場で直ちに「関連性のない質問です。」と制限をかけることはしないが、「一体何を立証しようとするつもりなのだろうか。」と疑問を抱きながら次の質問に耳を傾けることになろう。

　8は、私の感覚では、被告代理人の質問が原告の悪性を引き出す質問であるとは受け取れなかった（それに続く回答と、9以下のやりとりで、ようやく8の質問の趣旨が理解できた。）。その意味からは、8の質問がなされた時点において、本件と関連性のない質問と断定するのは難しいと思う（察しの早い弁護士であれば、異議を述べることはあり得るところであり、異議を述べられればその理由を尋ねて裁判官が判断をすることになる。ただ、この8の質問だけでは、関連性がないと言い切るのは困難であることに変わりはない。）。

　8の質問に関して付言するに、8はそもそも質問の体をなしていない。「原告は、世之介さんと知り合うと、その後まもなくサークルに来なくなったのですか。」、「はい。」、「原告のサークルへの関わりは、その後、具体的にどのように変わっていったのでしょうか。」という流れになれば問題はないが、8は、被告代理人の質問がまだ終わっていないのに、被告本人がしゃべり出した感がある。この点は、原告代理人が異議を出すことが考えられなくはないが、裁判官の側が被告代理人に対して質問をやり直すよう指示すべきであろう。

　さて9であるが、交際を開始した後に一度別れたことがあり、その後よりを戻して婚姻したという事実があったとしても、それが「被告と男女関係を持った時点では原告と世之介の婚姻関係が破綻していた」ことにどうしてつながるのだろうか。統計に基づいて述べるわけではないが、交際を一度打ち切っていながらその後婚姻に至るケースは、決して少なくないはずである。そういう意味から、関連性のない質問ということになろう。

　相手方当事者の悪性の立証については、「民事裁判手続」166頁以下において「極端な例」を挙げておいたが、一般論として、裁判所が認定するのは争いとなっている具体的な要件事実の存否であるところ、当事者本人が「悪い奴だ」ということを根拠として、その当事者の主張は採用できないとの判

断をすることは、まずない。

③ NG例⑨、⑩について（伝聞供述、意見を求める質問）

　なお、⑨について伝聞供述であることを理由とする異議は、被告代理人から「被告本人が、原告と世之介との交際についてどのような情報を得ているかを尋ねるものです。」と言われれば、被告本人自身の体験した事項についての質問となることから、裁判官からは「そういう趣旨での質問であれば問題ありません。」と言われる可能性が高いように思う。勿論、被告本人が二人の交際状況について直接経験しているものではなく、経験していない事実についての質問であることに変わりはないのであって、被告本人の供述をもって、二人が一度別れたことがあるとの事実を認定することは、難しいであろう。

　⑩については、「これは意見を求める質問です。」と言って異議を述べてもよいのではないか。ただ、「あなたは、その話を聞いた当時、原告はどういう人物だという印象を抱いたのですか。」という過去の事実を尋ねる形にすれば、許容される質問となる（なお、この点は、被告本人が世之介から、離婚の手続中ということを聞かされて（⑬）、どう思ったのかを問う⑭の質問にも当てはまる。）。

④ NG例⑪以下について（誘導尋問、抽象性）

　NG例の⑪〜⑬については、解説④のとおりである。また、⑭については、直近に述べたとおりである。

　さて、⑮の質問であるが、これが誘導尋問に当たることは確かであり、異議を述べることは相当であろう。

　それとともに、「婚姻関係が破綻している、と思った」というのは個別的かつ具体的でない質問（民訴規則115条1項）に当たるところであり、牧田弁護士が解説で論じておられる部分（いわば戦略的見地からの検討）を度外視すれば、その点を理由に異議を述べるのもありといえよう。裁判官として

は、咄嗟に「『婚姻関係が破綻している、と思った』という点を、もっと具体的に質問してください（対被告代理人）。」、あるいは、「もっと具体的に述べてください（対被告本人）。」と、指示したくなるところであるが、一歩下がって考えると、その点は原告代理人が反対尋問で突いてくるであろうし、もし突いてこなければ補充尋問で尋ねてみようと考え、その場で指示することは差し控えることもあり得る。

Case ⚖ 8

反対尋問に対する異議

📋 **お題：相手の反対尋問に異議を述べるか 述べないか**

　Case7の尋問に続き、今度は原告代理人が被告の反対尋問を行っている。被告代理人の立場から、異議を述べるか述べないか、考えてみよう。

NG例 何ら異議を述べなかった場合

原告代理人	あなたは先ほど、世之介さんと不倫をしていたとおっしゃったのですが、そもそも不倫はやってはいけないことですよね。……1
被　告	いや、でも私は世之介さんから……。
原告代理人	はい、か、いいえ、で答えてくださいよ。妻子ある男性と不倫することは、良いことですか、悪いことですか。……2
被　告	それは良くありません。
原告代理人	そうでしょう。だから非を認めて責任を取ればいいのに、あなたは、世之介さんと原告の結婚関係は破綻していたとか、その他、原告はひどい妻だといわんばかりのことをお話していましたが、本当にそうなんですか。……3
被　告	自分としてはそう思っています。
原告代理人	しかし原告はね、まだ世之介さんと一緒に暮らしているんですよ。それでも「結婚関係が破綻していた」などと言い訳をするんですか。……4
被　告	家庭内別居だと言っていました。
原告代理人	なるほど。でも裏を返すと、家庭内別居であるが婚姻関係は破綻していないということになりますよね。あなたはそれをお認めになるんですね。……5
被　告	質問の意味がわかりません。
原告代理人	都合が悪い質問に対しては、わかりません、で逃げるんですね。今回の不倫と同じじゃないですか。原告の陳述書に「卑怯者」と書かれていますが、言い訳できますか。……6
被　告	あなたに言われる筋合いはありません。

原告代理人	私が聞いたことだけ答えてください。ところで、先ほどあなたは、世之介さんとの交際は１年間で終わった、今は男女関係にない、とおっしゃいましたね。……7
被　　告	はい。
原告代理人	その後、世之介さんとホテルに行ったことはありますか。……8
被　　告	ありませんよ。
原告代理人	では、世之介さんがあなたの自宅マンションに入ったことはありますか。……9
被　　告	ありませんよ。奥様にばれてから、きっぱり交際を止めましたから。
原告代理人	後出の甲21号証を示します。これは、原告が世之介さんのスマートフォンに仕込んだアプリで示された位置情報を印刷した地図です。この星印は、あなたのマンションですよね。……10
被　　告	はい。
原告代理人	この日付は先月になっています。世之介さんは先月、あなたの自宅に上がり込んだんじゃないですか。……11
被　　告	心当たりありません。本当に世之介さんのスマートフォンなんですか。気持ち悪いです。

解説!

Case⑧ 反対尋問に対する異議

1 禁止の質問オンパレード!

　NG例を読んで、もしこれが専門家の監修を経ていない法廷ドラマの脚本であれば、一般視聴者は「わあ、弁護士が不倫相手を厳しく追及している。カッコいい。」と思うかもしれない。しかし本書をここまで読み進めていただいた皆さんは、原告代理人の質問が禁止される質問だらけだと思ってくれるだろう。

　特に、侮辱的な質問、困惑させる質問は民訴規則115条２項１号で絶対に禁止されている。また、誤導尋問も当然に禁止されている。この他、証人に意見を求める質問も、正当な理由がなければ禁止されている。いや、実際には意見を求める体裁で、意見を押し付ける質問も多い。今回の原告代理人のように、被告に厳しく当たり、事実を認めさせようとしたり、反対に言い訳をどんどん引き出して悪印象をさらけ出そうという質問をする弁護士もいる。

　禁止の尋問に対しては、的確に異議を出さないと証言が歪められるし、証人席にいるのが自分の依頼者であれば、「私がピンチのときでも先生は困り顔でうすら笑いを浮かべていて助けてくれなかった。」と恨まれることになる。逆に、ここぞという場面で異議を出して、結果的に依頼者の窮地を救うことができたのであれば、依頼者との信頼関係もより深まるかもしれない。

　間違っても、依頼者に対し「あの時あなたが尋問で変なことを言っちゃったので、判決で負けましたが、混乱していたから仕方ないですよね。」などと言ってはならないし、そのような状況を許してはならない。相手方代理人の違法な尋問により依頼者が攪乱されれば、それを是正しなかった自分に責任がある、というくらいの強い気持ちで異議を出してほしい。

❷ 一般的な誤導尋問

　誤導尋問とは、質問の中に前提事実を挿入し、その前提事実が真実かどうか確認できないのに真実だという前提で質問をすることである。例えば、交差点での直進・右折の交通事故で、衝突の瞬間を見たが信号まで見ていないという証人に対し、「衝突時、信号は黄色だったのですが、直進車はどのくらいのスピードでしたか。」という質問がなされたとする。証人は信号を見ていないので、もちろん衝突時の信号が黄色だったかどうかはわからない。しかし、本来やってはいけないことであるが、信号の変わり目に直進車が加速して交差点をすり抜けようとする事例があることは日常よく見かけることである。そのような経験則から、「衝突時、黄色は信号だったのですが」という前提が提示されると、証人は憶測で「直進車が交差点をすり抜けようとして加速したのかもしれない」とイメージしてしまい、「結構速かったです。」「時速でいうとどのくらいですか。」「60〜70キロでしょうか。」などと本来の記憶と異なる証言をする可能性がある。このように、誤導尋問は事実認定に大きな影響を与えるため、絶対禁止とされる。

　このような、わかりやすい誤導尋問は異議を述べやすい。誤導尋問かどうかを見分けるのは、質問者が前提事実に続いて質問事項を述べたときは要注意である。本来一問一答なのだから、「質問は個別的にやるべきだ」という異議を述べてもよいだろう。

❸ 主尋問の不正確な引用

　では、次の質問は誤導尋問だろうか。NG例①を見てほしい。あなたが被告代理人だとして、この質問に違和感はないだろうか。Case7のOK例④と見比べてほしい。主尋問で認めているのは、男女交際をした、という点である。「不倫」をしていたとは証言していない。この事件では、原告は「不倫をした」と主張し、被告は「男女の関係になったが、婚姻関係が破綻しているので不倫ではない」という主張をしているのであろう。そう

であれば、被告の反対尋問で「主尋問で不倫をしていたとおっしゃったのですが」というのは、前提事実がそもそも違っている。

　もちろん、記憶のよい証人等であれば、「いえ、不倫をしたとは言っていません。男女関係になったのかという質問に対し『はい』と申し上げたのです。」と毅然と反論するだろう。しかし、証言台にいてメモも取れず、極度の緊張感の中で、おっかない顔をしたベンゴシという名の法律の専門家から「不倫したって言いましたよね。」と言われたら、気の弱いひとは「はい。」と言うだろうし、そうでなくても大方は「そうでしたかね。」と反論できないだろう。

　もちろん、反対尋問において主尋問の供述を正確に引用した上で追及されるのであれば誤導ではない。しかし、このようにお互いの主張が対立するところで、表現を変えて不正確な引用をするのは誤導だと思う。反対尋問ではこのような質問は結構多い。NG例の反対尋問でも、不倫を認めた→不倫は悪いこと→認めないのはおかしい、という追及パターンに持っていこうとしている。これは阻止しておきたい。

　とはいうものの、主尋問で証人等が何と述べたか、いちいちメモをとっていないのでわからないよ、と心配する方がいるかもしれない。しかしこれは難しくない。主尋問は先に自分がやったことであり、ほとんどは自分の手持ちメモに従って回答がなされているはずである。通常は、主尋問メモを見ながら反対尋問と照合しているので、反対尋問において、主尋問の結果と異なる引用がされればすぐわかる。逆に、裁判官は主尋問メモを持っていないので、主尋問を終えた代理人が異議を述べないとそのまま聞き流されてしまうだろう。裁判官に対する注意喚起という意味でも、誤導の異議を述べておきたい。

❹　ミックスジュースでも「何か果物が入っている」ことはわかる

　NG例[2]以降を見てみよう。[2]は意見を求める質問であるし、そもそも不倫を認めたわけではないから誤導尋問でもある。[3]は「本当にそうなんですか」という質問の対象が不明確であり、個別的、具体的な質問ではな

い。⑤は代理人の独自の見解を前提に認める、認めないを迫っており、誤導か、意見を求める質問か、困惑させる質問か、そもそも意見の押し付けか、とにかくいろいろな異議の理由がごちゃ混ぜになっている。分析するのも一苦労である。

Case7で指摘したとおり、異議は即断即決で行かなければならない。飲んだ瞬間に、これはリンゴジュース、これはミカンジュースとはっきりしていれば、異議の理由も「リンゴ」「ミカン」と即答できる。しかし、質問の中には「これは何？　リンゴやミカン、ぶどうでもないし、ミックスジュース？」ということもある。ただ、ミックスジュースでも、飲んだ瞬間にベースの野菜や果物は思い浮かぶだろう。絶対におかしな質問だが異議の理由が特定できない場合は、まず異議を述べ、直感で理由を述べてもよいのではないか。主目的は、不当、違法な質問を阻止することであり、裁判官もその場で聞いて判断するしかないのだから、異議の理由が多少ずれていても、裁判官から見て目に余る質問であれば異議を認めてくれると考えたい。異議の理由が複数ある質問は、異議の理由が単体の質問よりもなお一層異議を言うべきであるのに、どの異議理由か特定できない結果異議が出せない、というのは背理だと思う。

❺　侮辱的な質問は断固異議

NG例⑥を見てみよう。どういう意図で質問をしているのか。面と向かって「卑怯者！」と言わない原告代理人こそ卑怯者と思う。こんな質問をされたとすれば、敢然と異議を述べてほしい。証拠調べは事実を追及する手続きであり、悪口を述べて私怨を晴らす場ではない。そもそも弁護士は、品位に悖る行為をしてはならない。

断固異議と述べたが、異議を言う際も冷静に。「あんた、一体なんなんだよ卑怯者って。侮辱するにもほどがあるゾ」などと同じ土俵でヒートアップしないように……。

⑥ 文字ではわからないが、語調がきつい場合

　時間がある方はNG例を音読してみよう。一度目は静かにねちねちと、二度目は怒りの感情をこめて相手を威圧するように。同じ文字でも、読み方ひとつで印象が随分変わってくる。そして、弁護士の中には、尋問の口調が威圧的な人が時々いる。反対尋問なので多少冷静さを欠くことは否めないとしても、声が大きくて証人等が委縮しているような状況であれば、質問の仕方が威圧的であり、証人等が困惑している、という異議を出すことも検討したい。特に、代理人が証言台のすぐわきに立って、証人等を強く追及している場合は、自席で質問をするよう、裁判官から注意をするよう促す。他方、依頼者本人がタフで、相手の弁護士と些末なところで議論をしたり、そこから口論になって無意味な時間が過ぎてゆくだけであれば、何も言わない。相手が争点に切り込めず、時間切れになれば儲けものではないか。

⑦ 初めて見る文書が提出されたとき

　NG例⑩で、後に提出する予定の証拠が提出された。この扱いについては民訴規則102条、同116条に規定されている。まず102条は、法廷で示す文書は、弾劾証拠として使う場合を除き、尋問の相当期間前までに提出しなければならないとする。そして、116条2項は、文書を利用して質問をする場合に、その文書が証拠調べ未了である場合は、当該質問の前に相手方に閲覧の機会を与えなければならないとする。この証拠提出については、柴﨑裁判官が「民事裁判手続」177頁以降で詳細な解説をされているので、是非参考にしてほしい。

　ここでの異議は、まず事前に提出されていない、という異議（民訴規則102条違反）を述べるべきだろう。そして相手が弾劾証拠だと反論した場合は、質問の前に閲覧の機会がないという異議（民訴規則116条2項の異議）を述べる。弾劾証拠と言いながら、実際には実質証拠だったりするのだが、

その話はさておき、弾劾証拠をどの程度事前閲覧に供するかはもめてよい場面だと思う。

つまり、通常は尋問している弁護士が「コウシュツ（「後出」のこと。「アトダシ」のほうがしっくりくるが、格好が悪い。）の甲21号証を示します。」と述べて証拠をその場で提出し、裁判官との間で「弾劾証拠ですか。」「そうです。」という簡単なやりとりを挟んで、尋問される側の弁護士は書記官から書証の副本を受取る。代理人が書証を一読すれば尋問が再開されるので、その瞬間に事前の閲覧の機会を与えたことになる。しかし、尋問されている相手の代理人はじっくり吟味したいし、証言台にいる本人に見せて確認をしたい。他方、尋問している側の代理人は、尋問前に証拠を本人に渡してじっくり検討されると言い訳をされるので、極力見せたくないはずである。

私は、弾劾証拠といえども民訴規則116条2項の閲覧の機会はきちんと与えるべきであり、代理人が本人に閲覧をさせようとするのであれば、それも含めて閲覧の機会だと考える。他方、弾劾証拠の意味は、すでにされた供述の信用性を弾劾するのであるから、すでに主尋問や反対尋問で供述がされているのであれば、その後で弾劾証拠をある程度時間をかけて閲覧させてもすでにした供述の内容は不変であるし、その数分後には尋問者から示される証拠であるので、弾劾の効力に影響はないと思う。

この弾劾証拠の示し方について、実際にどのように行われているのか、柴﨑裁判官に聞いてみよう。特に、本件のように本当に世之介さんのスマートフォンの位置情報なのか、どんなアプリなのか、正確性があるのかなど、信用性に問題がある書証を示して尋問をするのは、誤導尋問に類似すると思われる。そもそも証人等が知らないはずの証拠を突きつけても、知らないと言うほかないのであるから、証人等の陳述の信用性を争う証拠といえるのだろうか。

❽ OK例での工夫

全ての違反に異議を出しても話が進まないので、ここぞというタイミン

グで異議を出している。特に[1]に対して、事実を聞くべき、ということを指摘することで、その後の不適切な質問が抑制されることが期待される（その逆もあるが）。[4]のミックスジュースは、迷ったら「意見の押し付けで質問ではない」とした。[8]の結論は、柴﨑裁判官にお願いしよう。

OK例 的確に異議を述べた場合

原告代理人	あなたは先ほど、世之介さんと不倫をしていたとおっしゃったのですが、そもそも不倫はやってはいけないことですよね。……□1□
被告代理人	異議あり。誤導尋問です。主尋問では男女関係にあったことは認めていますが、不倫をしていたとは認めていません。
原告代理人	不倫と男女関係にあるということと、何がどう違うのですか。
被告代理人	不倫は、評価が入った言葉です。被告は、男女関係にあったが婚姻関係が破綻しているので、違法性はないと主張しています。聞くのであれば事実関係を聞いてください。
裁 判 官	質問を変えてください。
原告代理人	あなたは、世之介さんと男女の関係にあったことを認めた上で、世之介さんと原告の結婚関係は破綻していたとか、その他、原告はひどい妻だといわんばかりのことをお話していましたが、本当にそうなんですか。……□2□
被　　告	自分としてはそう思っています。
原告代理人	しかし原告はね、まだ世之介さんと一緒に暮らしているんですよ。それでも「結婚関係が破綻していた」などと言い訳をするんですか。……□3□
被　　告	家庭内別居だと言っていました。
原告代理人	なるほど。でも裏を返すと、家庭内別居であるが婚姻関係は破綻していないということになりますよね。あなたはそれをお認めになるんですね。……□4□
被告代理人	異議あり。単なる意見の押し付けであり、質問になっていません。また、質問の対象が不明です。
裁 判 官	質問を的確にしてください。
原告代理人	先ほどあなたは、世之介さんとの交際は１年間で終わった、

	今は男女関係にない、とおっしゃいましたね。……⑤
被　　　告	はい。
原告代理人	その後、世之介さんとホテルに行ったことはありますか。
被　　　告	ありませんよ。……⑥
原告代理人	では、世之介さんがあなたの自宅マンションに入ったことはありますか。……⑦
被　　　告	ありませんよ。奥様にばれてから、きっぱり交際を止めましたから。
原告代理人	後出の甲21号証を示します。これは、原告が世之介さんのスマートフォンに仕込んだアプリで示された位置情報を印刷した地図です。……⑧
被告代理人	異議あり。事前に提出されていない証拠です。
原告代理人	弾劾証拠として提出します。
裁　判　官	副本を提出してください。被告代理人、ご覧になりましたか。
被告代理人	読みましたが、これが世之介さんのスマートフォンに入れられたアプリの位置情報であるということについて、争います。なんというアプリか不明です。また、それが世之介さんのスマートフォンに入れられていたという事実関係が不明です。被告本人はこの書証について全く心当たりがないのでしょうから、弾劾証拠になりません。
裁　判　官	（略）

裁判官からひとこと

❶ 誤導について

Case7の④の「男女交際をした」という陳述を、Case8の①のように「不倫をした」に置き換えてしまうのは、明らかに誤導である。

LESSON4のCase5のコメントにおける❷でも触れたが、反対尋問をする側が、証人又は本人が主尋問で述べた内容について、自分の側に有利に解釈してそれを前提に質問をする例も、意外に多い。その原因についての私の推測と、私が考えるところの対処方法については、そちらを参照されたい。

⑤の「裏を返すと、家庭内別居であるが婚姻関係は破綻していないということになりますよね。」は誤導である。同じ屋根の下で共に生活していれば家庭内別居でも破綻していないと何故いえるのだろうか。原告代理人の見解を聞いてみたいところである。

なお、「ミックスジュース」状態の質問に対する異議において、異議の理由が特定できていなかったり、ズレていたりする場合については、裁判官としては当該質問そのものが法規に違反していれば異議を認めるはずである（裁判所による異議に対する応答は、申立人の主張に拘束されるものではない。）。

❷ 前置きはやめてほしい

順番が前後するが、③の「そうでしょう。だから非を認めて責任を取ればいいのに、」はいわゆる前置きであり、訴訟手続における尋問では外すべき

ものである。前置きを避けるべきことについては、「民事訴訟手続」173頁以下で述べているので、そちらを参照されたい。

侮辱的な質問について

6をはじめ、侮辱的な質問は絶対に許されるものではない。これに関連して、反対尋問は敵性人証を「吊し上げる」ことを目的とするものでないことは、LESSON4のCase5のコメントにおける❸で触れた。当事者本人やその近親者ないし支援者は、民事訴訟手続を私的制裁の場と認識していることが少なくなく、弁護士である代理人に対して、その点につき当事者本人らに適切な説明をしておいてほしいことを、改めてお願いしておく。

威圧的質問と証人等の困惑について

尋問の口調が威圧的であるために証人等が委縮している場合には、質問それ自体が証人等を困惑させるものと評価することも、あながち不可能ではないように思う。反対当事者の代理人が異議を出すのは一つの有益な方法と思えるが、裁判官の側でも、証人等が困惑しているような状況であれば、一時的に尋問をストップさせて、証人等を冷静にさせた後に、質問を再開させるように心がけるべきであろう。この点、「証人等をせっかく追い込んでいるのに、裁判官が水を差しやがった」と思う代理人もいると思えるが、冷静でない状況における陳述は、それ自体の証拠価値がどれほどあるのか疑問である。裁判官からすれば、冷静な状況で質問に対する答えを陳述させ、それについて証拠価値を評価したい。

初めて見る文書の提出について

争点整理を終えた後の書証の提出については、民訴規則102条とともに、民事訴訟法167条、174条を忘れないでほしい。私は、相手方代理人が何も言わない場合にも、相手方代理人に対して、167条の「相手方の求め」をす

るよう暗に促すことが多い。

　争点整理を終えた後に書証が提出されたときには、私の場合、証人等に示す前に、副本を相手方代理人に受領させて受領のサインをもらい、次いで、証拠説明書に記載された作成者及び立証趣旨を確認しつつ、提出された正本に目を通して、当該書証に記載された内容の概略を頭に入れてから、質問を再スタートさせるようにしている。相手方代理人には、私が正本の内容を確認している時間を使って副本を確認させるようにし、民訴規則116条2項の規定する「閲覧の機会」を与えるようにしている。

　さて、弾劾証拠（後出の甲21）に関する⑩、⑪については、まず、位置情報を印刷した地図についての作成者をどうみるか（印刷した者（Case8ではおそらく原告本人）というべきか、それともアプリの運営会社というべきか）の問題があり、この地図を取り調べる手続をする際に、相手方当事者（Case8では被告側）に対し、真正な成立かどうかについての意見を聴くべきである（できれば正本と副本が提出され、閲読を終えた時点、すなわちそれを証人等に示して尋問を開始する前に聴取したいが、相手方代理人からは、「とりあえずそれを示して陳述を得てから、成立についての意見を述べたいと思います。」と言われる可能性が高いので、尋問を終えてから成立についての意見を聴かざるを得ないことが多いと思われる。）。そして、Case8の甲21に即していえば、被告側の意見及び被告本人の陳述内容によっては、甲21が真正に成立したといえることについての追加立証が必要になり得るところであり、尋問終了後になお期日を続行すべきかどうかの問題が生じる。

　私が経験した例であるが、証人尋問において、原告代理人が、証人と原告本人とのメッセージのやりとりを示したとされるLINEの画面を印刷したもの（作成者とされたのは印刷されたメッセージの左側が証人、右側が原告本人）を弾劾証拠として提出し、これを示しつつ、「このLINEのやりとりの右側は原告からあなたへのメッセージで、左側はあなたから原告へのメッセージですね。と質問したところ、証人は、「この左側のメッセージは私のものではありません。私はこれらのメッセージを送信したことなどありません。」と証言したことがあった。しかも、この事件については原告本人の尋問が不可能であったため（原告本人が外国在住で、原告代理人は当初から、原告本

人の申請はしませんと述べていた。）、LINEの印刷における証人作成部分については真正に成立したことの立証ができなかったということがあった。

　なお、弾劾証拠について一言述べさせていただくと、弾劾証拠とは「証人等の陳述の信用性を争うための証拠」であって、相手方当事者の主張の正当性を争うための証拠ではない。民事訴訟の弾劾証拠は刑事訴訟法328条で問題とされる「自己矛盾供述に限定」されるわけではないが、弾劾の対象を陳述に絞ることなく主張全体としてしまうと、相手方当事者の主張に反するような趣旨を含む文書であれば何でも弾劾証拠になってしまうこととなるので、その点は注意されたい。

　⑩で示された甲21の地図については、「世之介との交際は1年間で終わり、その後、世之介が被告の自宅マンションに行ったことはない」という陳述の信用性を争うための証拠であることは確かであり、弾劾証拠として取調べを求めることは許されよう。もっとも、被告としてはその真正な成立及び内容の信ぴょう性について争うことも自由であって（OK例⑧における被告代理人の発言の「これが世之介さんのスマートフォンに入れられた」以下の部分参照。ただし、上記のとおり、甲21が弾劾証拠にならないとはいい難い。）、原告としてはその点を立証しなければならないこととなる。

LESSON 6

介入・補充尋問に
対する異議の
NGをなくそう！

LESSON6 の進め方

　LESSON6は裁判官の尋問に関するものということで、裁判官である私が事例の設定と解説を担当し、牧田弁護士にコメントをいただくこととなった。

　さて、裁判官の介入尋問や補充尋問の在り方については、当事者又はその代理人による尋問の在り方と基本的に異なるものではない。すなわち、裁判官の質問においても民訴規則115条の規制を受けるというべきである（同条2項には「当事者は、」とあるが、裁判官が同項1ないし6号の規定に該当する質問をしても差し支えないと解するのは、無理であろう。）。そうすると、裁判官の尋問そのものの在り方を私から改めて論じる意味があるとは思えない。また、本書は弁護士の読者の方々を念頭においているものであることからすれば、裁判官に向けて介入・補充尋問の在り方を論じるべきとはいえないであろう。むしろ論じるべきことは、裁判官の尋問の在り方をどう考え、そして、当事者代理人である弁護士はどのような場合に裁判官の尋問に対して異議を申し立てるべきかという点になると思われる。

　そこで、LESSON6においては、牧田弁護士がLESSON5までで論じられたような、NG例、ポイントの説明、OK例という流れではなく、私自身の経験に基づき、裁判官の尋問に対して異議が申し立てられた事例を設定し、各事例における異議についてどのように考えるべきかを論じてみようと思う。事例としては、Case9-1ないし3として、裁判官の尋問によって証人が立ち直ったか、逆に崩れていったというケースにおいて、不利になった側の当事者代理人から異議を申し立てられた3件を設定し、Case2として、裁判官の尋問の仕方及び内容そのものに異議を申し立てられた1件を設定する（なお、Case9-1ないし3については、牧田弁護士がこれまでのLESSONで設定された事例を借用した。）。

裁判官による不当な肩入れ？ その1

Case9- 1 の状況

　LESSON2のCase1（リフォーム工事の事例）におけるNG例の陳述書について、LESSON4のCase5とは別の反対尋問が実施されたという事案を設定する。原告代理人は、LESSON2の解説においてCase1に関して指摘されている、「廻縁」、「取り合い部分」という記載の点を、突いている。

原告代理人 乙8号証を示します。主尋問でのお答えによれば、この書面は、あなたが体験した事実を被告代理人にお話しになり、それを聞き取った被告代理人が書面にまとめて、あなたが内容を確認したものだそうですね。……1

証人（被告の妻） はい。

原告代理人 この陳述書には、「廻縁」という言葉が出ていますが、「廻縁」という言葉の意味を、お答えいただけますか。……2

証人（被告の妻） えっ、確かつなぎ目の木が何とかかんとかだったような……。

原告代理人 この「廻縁」という言葉は、あなたから被告代理人にお話ししたものですよね。……3

証人（被告の妻） いや、そうではなくて。

原告代理人 えっ。違うんですか。この陳述書の内容は、あなたから被告代理人にお話しになったものだとお答えになったでしょう。被告代理人から言い出した言葉が書かれているのですか。……4

証人（被告の妻） いや、そういうことではなくて。

原告代理人 質問を変えます。この陳述書には「取り合い部分」という言葉が出ていますが、この「取り合い部分」という言葉の意味を、お答えいただけますか。……5

証人（被告の妻） えーっ。困ったなあ。確か……つなぎ目がどうのこうのということだったような気が……。

原告代理人 この「取り合い部分」という言葉は、あなたから被告代理人にお話ししたものですよね。……6

証人（被告の妻） いや、実はそういうことではなくて、代理人の先生から

	教えていただいた言葉です。
原告代理人	またそういうお答えですか。ならば、この陳述書はあなたが体験した事実を被告代理人にお話しになって、それを被告代理人がまとめたという、あなたのこれまでのお答えは、間違っていたということですか。……7
証人（被告の妻）	いや、決してそうではなくて。
原告代理人	あなたが言い出した言葉ですか、被告代理人が言い出した言葉ですか、いずれなのかはっきりお答えください。嘘の証言をすると処罰されますよ。……8
証人（被告の妻）	いや、私は嘘をついているわけではないんです。ただ……何て言って説明したらいいのか……宣誓したとおり、真実を言っているつもりなんですが……どうしてわかっていただけないんだろう……。

（ここで裁判官が介入する）

裁 判 官	ちょっと待ってください。証人、落ち着いてくださいね。……9
証人（被告の妻）	はい。
裁 判 官	被告代理人に事情を説明した時点で、「廻縁」や「取り合い部分」という言葉はご存じでしたか。……10
証人（被告の妻）	いいえ。
裁 判 官	そうすると、「廻縁」と「取り合い部分」という言葉は、いずれも被告代理人から、そういう言葉があることを教えてもらったということでしょうか。……11
証人（被告の妻）	はい。
裁 判 官	どういう経緯をたどった結果として、被告代理人から「廻縁」という言葉を教えてもらったのですか。……12
証人（被告の妻）	ああ、思い出しました。私が代理人の先生に、天井と壁との境目の部分に取り付けられた木材の角の部分に隙間がありますと説明したら、先生は、境目の部分に取り付けられた木材のことを「廻縁」というんですと教えてく

ださいました。

裁　判　官　「取り合い部分」という言葉については、思い出せますか。思い出せれば答えてください。……⬚13

証人（被告の妻）　そうだ。そのお話をした時に、先生が、２つの部材がくっついている部分のことを「取り合い部分」と言うんですと教えてくださったんです。

裁　判　官　その２つの言葉が陳述書に盛り込まれたいきさつは、覚えていますか。覚えているならお答えください。……⬚14

証人（被告の妻）　思い出しました。先生が、「これらは専門用語ですけれど、あなたの言いたいことを陳述書にまとめ上げるには役に立つ言葉なので、あなたが私に述べた形で陳述書に書いておきますよ。」とおっしゃっていました。

裁　判　官　先ほどあなたは、真実を言っているつもりなのにどうしてわかってもらえないのかと言っていましたが、この陳述書は、一言一句全てがあなたのお話を再現しているわけではないけれども、あなたが体験した事実を正確に記載しているという意味では内容に間違いがないということが言いたかったのですか。……⬚15

証人（被告の妻）　そうです、そうです。

（ここで、原告代理人から異議）

原告代理人　異議があります。証人があたふたしている状態だったのに、裁判官が証人から整然とした答えを引き出すようにもっていかれると、反対尋問の効果が台無しになってしまうので、裁判官の介入尋問は、公平さを欠くものです。

Case 9-2
裁判官による不当な肩入れ？その2

Case9-2 の状況

　LESSON4のCase6（高齢者による健康サプリ購入の事例）におけるOK例で、大量に購入されたアプリをどのように飲用していくかに関する部分について、原告代理人の質問（反対尋問）を若干変えたものを設例とし、そこに裁判官が介入する。

? ▶ **例** 裁判官が証人の弱点を突く
介入尋問をした場合

原告代理人 あなたが売ったサプリは、一瓶で何日分入っていますか。
……1

被告従業員 60日分です。

原告代理人 そうすると、20瓶入りの箱を20箱売ったのですから、2万4000日分、65.7年分のサプリを売ったことになりますね。
……2

被告従業員 細かい計算は定かではありません。

原告代理人 90歳を超えた原告が、そんなにたくさん飲めると思ったのですか。……3

被告従業員 お友達にも分けてあげたいというお話が……。

原告代理人 友だち何人分だと思ったんですか。……4

被告従業員 わかりません。100人くらいいらっしゃるのではないでしょうか。

原告代理人 100人、そんなに大勢ですか。原告にそんなに多くの友だちがいると、あなたは本当にそう思ったのですか。……5

被告従業員 ……はい……。

原告代理人 どこから100人なんていう人数が出てきたんですか。
……6

被告従業員 ……まあ、ご本人様にはそのくらいのお知り合いがいてもおかしくないかと思って……。

原告代理人 おかしくないって、あなた、どうしてそんなふうに思ったのですか。……7

被告従業員 ……ご本人様にお会いして、そんな感じを受けたので……。

原告代理人 そんな感じって、いったいどんな感じなんですか。もっと具体的に説明してください。……8

被告従業員 ……お会いした時の印象、お話しぶり、それから……えーっと……何があったかなあ……。

原告代理人	はっきり答えてくださいよ。あなたが自分で体験したことでしょう。それをそのまま話してもらえればいいんですよ。何で答えに詰まってるんですか。……9
被告従業員	……。

（ここで裁判官が介入する。）

裁　判　官	ちょっと待ってください。証人、落ち着いてくださいね。……10
被告従業員	はい。
裁　判　官	原告のお友達が100人くらいいるというのは、どのような根拠からそのように思ったのですか。……11
被告従業員	えーっと……ご本人様は相当の年齢を重ねておられる方なので、それだけ長く人生を過ごされている方であれば、お友達は100人くらいいるのではないかと思った次第です。
裁　判　官	友だちが100人くらいいるというのは、原告本人が口にした人数なのですか。……12
被告従業員	いや、決してそういうわけではなくて……。
裁　判　官	あなたは、およそ100人の友だち全員がサプリを飲むと理解したのですか、それともその一部だけと理解したのですか。……13
被告従業員	まあ……100人ということで……。
裁　判　官	そのように理解した根拠は何ですか。14
被告従業員	……お友だち皆さんがご本人と同じくご高齢の方と思いまして、そのようなご高齢の方々であれば皆さんがこのサプリをご愛用されることと思い……。
裁　判　官	ご高齢の方々であれば皆さんがアプリをご愛用されると認識した根拠は何ですか。……15
被告従業員	……。

（ここで被告代理人から異議）

被告代理人	異議があります。原告代理人が尋ねるべきことを裁判官がそこまで掘り下げて尋ねるのは、公平さを欠くものです。

裁判官による不当な肩入れ？ その3

Case9-3 の状況

引き続き、LESSON4のCase6（高齢者による健康サプリ購入の事例）におけるOK例のやりとりの後、裁判官が補充尋問を開始する。

裁判官が証人の弱点を突く補充尋問をした場合

原告代理人	売った代金の総額は1320万円です。そして約1000万円の預金が払い出されました。あなたは、毎回銀行に連れて行って、お金をおろすのを手伝ったのではありませんか。……①
被告従業員	毎回かどうかはわかりません。
原告代理人	最後の契約は、クレジットを組んでいますね。それはなぜですか。……②
被告従業員	ご本人がそれをご希望されましたから。
原告代理人	原告が、もう銀行のお金がなくなっちゃった、と言ったからではないんですか。……③
被告従業員	定かなことはわかりません。
原告代理人	それでもあなたは、原告に売りつけたんですか。……④
被告従業員	ご本人がご希望されましたので。
原告代理人	しかも、全部未開封ですよ。……⑤
被告従業員	ご本人様がご所望されましたので。
原告代理人	今回のクレジット契約の引き落とし口座は、どの銀行と指定されていますか。……⑥
被告従業員	はたはた銀行漁火通り支店です。
原告代理人	でも、その口座はその前の契約でほとんど残金がないんですよ。引き落としができなくなると思わなかったのですか。……⑦
被告従業員	ご本人様のご資産に関することは、一切関知しておりません。反対尋問を終わります。
（裁判官が補充尋問を開始）	
裁 判 官	原告が最後の契約でクレジットを組んだのはご本人の希望と言われましたが、原告本人は、この時、具体的にどのよ

	うな言葉で、クレジット契約を組むことを希望すると言ったのですか。……⑧
被告従業員	ただ、クレジットを組んでサプリを買いたいと言われました。
裁 判 官	原告が、もう銀行のお金がなくなっちゃったと言ったかどうか定かではないと言われましたが、クレジットを組みたい理由について、原告本人からはどのような話を聞きましたか。……⑨
被告従業員	覚えていません。そもそもご本人様が組みたい理由を話されていたのかどうか……。
裁 判 官	クレジットを組む、つまり借金をしてでも2万4000日分ものサプリを購入したいことについて、原告本人はどのような話をしていましたか。……⑩
被告従業員	……。
裁 判 官	あなたが原告に売りつけた理由は、原告本人が希望されたから、ご所望されたからと答えていましたが、原告はいったいどのような言葉で、アプリの購入を希望すると言ったのですか。……⑪
被告従業員	……ただ、このサプリがほしい、買いたいという言葉だけで……。
裁 判 官	代金の支払がスムーズにできるかどうかなど、お金の話を絡めた上で、それでもこれだけの量のサプリを買いたいという趣旨の話をしませんでしたか。……⑫
被告従業員	……。ただただ、このサプリがほしい、買いたいと……。
裁 判 官	原告は、お金のことはもう頭で正常に計算ないし判断ができない状態にあったから、ただただほしい、買いたいと言っていたということはないですか。……⑬
被告従業員	いやいや、ご本人様は、頭はしっかりしていましたから。
裁 判 官	原告は頭がしっかりしていたと言い切れることの、具体的な根拠は何ですか。……⑭
被告従業員	……。

（ここで被告代理人から異議）

被告代理人　異議があります。補充尋問の内容も、原告代理人が尋ねるべきことを裁判官が深く掘り下げているので公平さを欠くものです。

Case⑨ 裁判官による不当な肩入れ?

❶ 規則違反の質問はあるか?

　Case9-1を見てみよう。裁判官の介入尋問である⑩から⑮まで、民訴規則115条2項の規定に該当するような質問があるわけではない（細かいことをいえば、⑪は「はい」か「いいえ」を求める質問となっているが、「廻縁」と「取り合い部分」という言葉が陳述書に記載されているのは、証人がもともと知っていた用語を被告代理人に述べたのか、証人から事情の説明を受けた被告代理人がそれらの用語を証人に教えたのかのいずれかしか考えられず、⑩の質問に対する答えで前者が否定されていることから、⑪の答えは「はい」しかあり得ない状況になっている。また、⑮も肯定の答えを求める質問のようになってはいるが、⑧の質問に対し、真実を言っているつもりなのにどうしてわかってもらえないのかと独り言のようにつぶやいていた趣旨を確認するものといえるのであり、質問者の質問に迎合するように導いているものとはいえないであろう。）。

　次にCase9-2を見てみよう。⑪から⑮まで、規則違反となるような質問は見当たらない。

　Case9-3でも、⑧から⑭のうち、⑫と⑬が誘導尋問に近いところがあるが、⑫はお金の話を絡めたとすればどのように絡めたのかを尋ねる趣旨と解することができ、⑬は否定の答えを予想してなされたものというべきであって、規則違反となるような質問はないといえよう。

　ところが、Case9-1ないし3ではいずれも裁判官の尋問に対して異議が申し立てられている。これを手続法規に照らしてどのように解釈すればいいのだろうか。

②　困惑する証人等を裁判官が冷静にさせてはいけないのか?

　Case9- 1及び 2 は、いずれも証人がうまく答えられなくなって困惑した状況に陥っているところに、裁判官が介入して証人を落ち着かせ、いわば「かみくだいた」質問をして証人に冷静に答えさせようとしたところ、異議が申し立てられたという事案である。

　私は、LESSON5のCase8についてのコメント❹（威圧的質問と証人等の困惑について）において、証人等が困惑しているような状況であれば、裁判官は一時的に尋問をストップさせて証人等を冷静にさせた後に質問を再開させるように心がけるべきと説いたが、このCase9- 1及び 2 の各場面では正にそれが当てはまる。そのようにすべき理由は、上記のコメントでも書いたとおり、冷静でない状況における陳述の証拠価値がどれほどあるのか疑問であることによる。

　Case9- 1 も 2 も、裁判官は証人に対して冷静な状況の下に証言をさせたいと考えたことから介入をしたのであって、私の考えでは、異議が認められるような場面ではない。

　もっとも、読者である弁護士の方々の中には、裁判官が余計な質問をしたために一方が不利になるような証言が出てきたという印象を持ち、これらの介入尋問を容認することに抵抗を感じる方々もおられるのではないだろうか。その点をどう考えるかについては、Case9- 3 について触れた後に、併せて論じようと思う。

③　曖昧な答えについて裁判官が確認してはいけないのか?

　さて、Case9- 3 であるが、これは被告側証人が原告代理人からの反対尋問によって証言の信用性を崩されつつあったところ、裁判官が補充尋問で、崩れかかった部分についての確認をしたケースであって、結果としては、証人は更に証言の信用性を崩されていった。

　裁判官としては、証人が曖昧な証言をするにとどまっている場合、曖昧

さは信用性に疑問を抱かせる事情と評価することが多いが、念のために曖昧な部分を明確にしておき、判決を書きやすくしようという気持ちが働くのであり、そのため、証人等の陳述について詳細確認するための質問がなされることは、少なくない。

　ただ、このCase9-3についても、裁判官が余計な質問をしたために一方が不利になるような証言が出てきたという印象を持ち、この介入尋問を容認することに抵抗を感じる方々もおられるのではないだろうか。そこで、次項において、Case9-1及び2の介入尋問と併せて、これらの点をどう考えるかについて論じてみようと思う。

❹ 介入・補充尋問は、実体的真実発見のためのもの

　Case9-1ないし3で申し立てられた異議は、いずれも裁判官の質問が「公平さを欠く」ことを問題視するものであった。いずれのケースについても、各裁判官の質問が民訴規則115条2項に該当するものとはいい難いことはすでに述べたところであり、各代理人も質問が同項に該当するものであることを異議の理由とはしていない。

　裁判官が公平に事件を処理しなければならないことはいうまでもなく、裁判官が一方当事者に有利な取り計らいをすることは許されない。では、裁判官の介入・補充尋問によって、一方に有利かつ他方に不利な陳述が出てきた場合に、その裁判官の尋問は、公平さを欠くことになるのだろうか。

　まず、裁判官の質問に対し、証人等が一方に有利かつ他方に不利な答えをしたとしても、それは結果論であって、裁判官がいずれか一方に有利に取り計ろうと目論んでした質問に対する答えではない。裁判官の質問自体が公平を欠くという意見は、そもそも、その点からして失当というべきであろう。

　加えて、裁判官はそもそも何のために介入・補充尋問をするのだろうか。

　その答えは、実体的真実を発見するためである。

　弁論主義の下では、裁判官の認定事実が客観的真実とは必ずしも一致しない事態が生じることは避け得ないが、わが国の国民性は、裁判において

は実体的真実の発見に重きを置くところがあると思われ、弁護士の訴訟追行技術の巧拙によって訴訟の結論が変わってしまうという事態が生じることは容認し難いというのが多数意見であろう（この点は、民事訴訟法についての多くの書籍・論文で論じられている。なお、前著「民事裁判手続」14頁を参照されたい。）。裁判官は、人証調べにおいて双方の代理人の質問ではカバーできていないと思える事項がある場合、実体的真実を発見するにはその点につき自ら尋ねて解明する必要があると考え、尋問をするのである。

　読者の中には、冷静でない状況でなされた陳述には証拠価値はないのならそのままにしておけばよく、冷静な状況で改めて陳述を求める必要はない、また、証人等が曖昧な陳述をするにとどまった場合には、曖昧なままにしておけばよく、その詳細ないし具体的内容を明らかにする必要はないという意見をお持ちの方も、おられるかもしれない。しかしながら、実体的真実を発見することを重視する立場からすれば、当事者の訴訟活動で足りない部分は裁判官が補うべしということになる。

　以上のことから、裁判官が証人等から、一方に有利かつ他方に不利な陳述を引き出したとしても、それに対して異議を申し立てるべきではないというのが、私の考えである。

　ただ、一言付け加えておくと、曖昧な陳述が出てきた場合に、裁判官は必ずその具体化を図らねばならないということではない。Case9-3についていえば、被告側証人は⑫の質問に対して⑪とほぼ同じ答えを繰り返しており、この時点で裁判官の側が、これ以上証人を追及しても意味はなさそうだと判断することもあり得るし、その判断は相当と思われる。気の早い裁判官であれば、⑩の質問に対して証人が答えに窮した時点で、補充尋問を打ち切ってもよいと考えるかもしれない。逆に、Case9-1については、証人が自己の認識するところを正確に事実を述べようとしているもののうまく述べることができず、あたふたしているところに介入したものであるが、それは訴訟手続において証人から述べられるべき陳述を正確に引き出そうとするものであって、介入をすべき事案であると思う。

弁護士からひとこと

Case 9 について……

1 介入・補充尋問は裁判官の心証のメッセージ

　柴﨑裁判官は、介入・補充尋問は実体的真実発見のためのものであると説く。このことを、介入・補充尋問を聴いている訴訟当事者側からみると、介入・補充尋問により裁判官が発見したい事実が何であるかがわかる、ということになる。介入尋問は訴訟代理人の尋問について、もうちょっとそこ掘り下げて聞きたい、ということや、その質問だとよくわからない、などのときに発せられるし、補充尋問は、主尋問、反対尋問、再主尋問を経ても更に事実を聞いておきたいときに発せられる。そして裁判官が尋問の段階で事実を確認したい、ということは、多くは判決の結論を決めるためや、判決起案で引用する事実を尋問調書に残しておくためであろう。

　このことから、裁判官の介入尋問や補充尋問は、裁判官が事件のどこに注目をしているのか、その結果裁判官の心証がどのようなものかを知るヒントになる。これは私が言うまでもなく、民事裁判の尋問を経験した方であれば誰しもそう思うだろう。主尋問、反対尋問を経て代理人は相当の体力を消耗していることになるが、最後の補充尋問は全力でメモをとっておこう。これにより事件の結果がかなり見えてくるはずである。また、最終準備書面を作成する際も、裁判官の心証を意識して起案をすることができる。

　もちろん補充尋問だけで判決の結果を決めつけることはできない。当事者の反論をきちんと確認する目的で補充尋問がなされた場合、判決の結論が逆になる可能性がある。これまでの証拠関係、訴訟指揮、尋問の結果の延長線

上に介入尋問や補充尋問を置いてみて、裁判官の思考を辿ってみる＝心証を予測してみる、程度のことである。

 2 異議理由がなければ止められない

　このように、裁判官が発する介入尋問や補充尋問は、判決の結果を左右する点で重要な意味を持つ。その上で、裁判官の介入尋問や補充尋問について、異議を述べることができるのか、どのような異議か、というのが解説の問いかけである。

　まず、柴﨑裁判官が述べておられるとおり、裁判官は訴訟当事者ではないが、介入尋問も補充尋問も尋問のルール下でなされるものであり、ルールに違反した場合は異議の対象になる、ということを確認しよう。裁判官の尋問に対し、「異議あり」と言うのはなかなか勇気がいる。下手に文句をつけて、判決で嫌がらせをされないだろうか、と一瞬躊躇するかもしれないが、異議の理由があるのであれば、堂々と述べるべきであろう。

　ただ、当然であるが異議の理由がなければ異議は却下される。Case9-2及び3を読んで、このような異議も認められる可能性があるのか、と一瞬期待をしたが、やはりそういうことはない。Case9-1について、原告代理人であったとすると、仕方がない、と思うしかないし、Case9-2及び3の被告代理人であったとすると嵐が過ぎるのを待つしかない。逆に、相手方の代理人にとっては、裁判官の介入・補充尋問が追い風だと感じる瞬間である。折角風が吹いているのに、法律の規定にない異議理由で尋問が止められるのはおかしい、ということになる。

3 依頼者が主尋問と異なる話をし始めたら

　Case9-2及び3は、裁判官と証人が敵対している場面である。これとは逆に、自分の依頼者が、裁判官の補充尋問で主尋問と異なることを滔々と話してしまうこともある。主尋問と異なるということは、大方陳述書とも異なっているのであり、更にこれまでの打ち合わせで聞いていた事実とも異なって

いるのだろう。補充尋問を聴きながら、最初からそのことを話してくれたら、そもそも裁判をしなかったのに、と頭を抱えたくなる。仕方がない、再々主尋問で、主尋問と回答が違う点について確認をしようとしたら、裁判官が補充尋問で、「先ほどの主尋問とお答えが違うようですが、どちらが正しいのですか。」と尋ね、本人は、今この答えが真実です！などと自信をもって述べたとすれば、さすがにそれ以上の尋問は難しいだろう。依頼者を見捨てるわけにはいかないので、もはや和解をして最小限の傷で終わるかを考えることになる。

　こんなことにならないように、依頼者には都合の良し悪しにかかわらず全て話をしてもらうよう努めよう。万一そのような事態に至った場合も大丈夫。本書を思い出して、慌てず騒がず落ち着いて……。

④ 裁判官の尋問から学ぶこと

　Case9の各事例で、裁判官が展開している尋問の方法を見てほしい。テーマに従って、実に端的に切り込んでいる。柴﨑裁判官もそうであるが、証人や当事者にズバリと切り込んであっさり話を引き出してしまう裁判官が少なからずおられる。お見事というほかはない。

　当事者代理人は、主尋問にせよ反対尋問にせよ、どちらかの立場で尋問を行うのであるから、これまでのLESSONで指摘したとおり、突っ込んだ主尋問をして後の反対尋問で追及をされるのではないかとか、反対尋問で追及をし過ぎてかえって相手の主張を固めてしまうのではないかとか、様々な要素を考えながら尋問をすることになる。

　しかし、裁判官にはそのような制約はない。中立の立場で、「それで、事実はどうだったの？」と端的に質問をすることができる。この「失うものが何もない立場」であるからこそ、シンプルで、無駄のない尋問になるのではないかと思う（もちろん、それまでの当事者の尋問でさんざんもどかしい思いをした結果、端的な質問になっていることも否めないが）。

　上手な尋問をする裁判官に出会ったら、立場は異なれど、その尋問技術は大いに参考になると思う。

また、自分の尋問の後に、それを補うような補充尋問がなされた場合、主尋問や反対尋問でもっと明らかにできなかったかを振り返るとよい。それは、聞き方に問題があったのか、重要視するポイントについて自分と裁判官との間にずれが生じていたのか、などである。

　実践・反省・修正を繰り返すことで、皆さんの尋問技術は更なる飛躍を遂げるだろう。

Case ⚖10

裁判官による威嚇?

📄 Case10の状況

　原告の夫は、被告の女性と男女関係を持ち、子をもうけるに至った（夫は、現時点ではその子を認定しておらず、被告に対してその子の養育費も支払っていない。）。ただ、原告の夫は、妻である原告との同居を継続させていて、原告と原告の夫が離婚する予定は全くない。

　原告は、被告が夫と男女関係を持ったという不法行為により精神的苦痛を被ったとして、被告に対して慰謝料を請求している。被告は、原告の夫と男女関係を持ち、夫の子を出産したとの事実は認めた上で、原告と夫との婚姻関係は破綻していたと認識した旨の主張をし、不法行為の故意を否認し、かつ、原告の夫を既婚者であると認識しなかったことについての過失も否認している（なお、慰謝料請求事案であることから、損害額も争点となっている。）。

　原告の夫は、原告側申請の証人として採用され、原告代理人による主尋問で、概ね次のとおりの陳述をした。

　　私は、被告に対しては何も愛情を感じたことはなかったのですが、被告のほうが私に一目惚れをしました。そして被告は、顔も性格も私とよく似た子供がほしいと言って、被告宅の寝室に私を連れ込んだのです。被告宅の寝室の壁には基礎体温のグラフが貼られていて、被告は「今日はグッドタイミングの日よ。」と言って私を誘い込みました。被告の誘いに負けた私が悪いのですが、こんな形で私を誘い込んだ被告はとんでもない女です。

私は、妻に全てを正直に打ち明けたところ、妻は立腹して、被告に慰謝料を請求することになりました。私に対しては、「よく打ち明けてくれたわね。あなたも悪いといえば悪いけれど、あの女が一番悪い。絶対に許さない。」と言ってくれました。私は、自分を許してくれた妻に感謝しており、この裁判でも妻に全面的に協力したいと思い、証言台に立つことにしました。

　被告代理人は、反対尋問において、怒りの感情を押し殺すような態度で、被告が証人そっくりの子供がほしいと述べたことや寝室の状況等に関する部分を中心に、証人の証言の不合理さを明らかにするための質問をしたが、証言の信用性が乏しいことは明らかと判断したのか、それほど時間をかけずに反対尋問を打ち切った。後に尋問される被告本人は、被告代理人の横に座っていたが、原告の夫の証言を聞きながら、泣き続けていた。
　さて、裁判官による補充尋問であるが、当初はいつもと同じ口調で質問をしていたが、やがて、声が大きくなるとともに、口調も速くなっていった。

裁 判 官	被告は、あなたの顔のどこが気に入ったと言っていまし

裁 判 官　被告は、あなたの顔のどこが気に入ったと言っていましたか。……1

証人（原告の夫）全てだそうです。

裁 判 官　被告は、あなたのどういう性格が気に入ったと言っていましたか。……2

証人（原告の夫）それも全てだと言っていました。

裁 判 官　全てが気に入ったなどという抽象的な話ではなくて、もっと、どこどこが好きだといった話を被告からされませんでしたか。……3

証人（原告の夫）いえ、何から何まで、私の全部が好きだと言っていただけでした。

裁 判 官　被告の自宅に行った時の件ですが、壁に貼られていた基礎体温のグラフは、いわゆる折れ線グラフでしたか、それとも棒グラフでしたか。……4

証人（原告の夫）グラフそのものは見ていませんので、わかりません。

裁 判 官　壁に貼られていた紙に書かれていたもので、目に入ったものが何かあったのではないですか。……5

証人（原告の夫）たった一つだけ、排卵日という文字が、正にその日の日付欄のところに目立つように書かれていました。

裁 判 官　その日の二、三日前からその日まで、被告の体温はどのように変化していたのですか。……6

証人（原告の夫）わかりません。グラフ自体は見ていませんし、被告からは「今日はグッドタイミングの日よ。」と言われただけで、体温がどのように変化していたかについての説明は受けませんでした。

裁 判 官　あなたは、被告にあなたの子を産んでほしかったのです

か。……7

証人（原告の夫） とんでもないです。こんな女に私の子なんて産んでもらっては困りますから。

裁　判　官 では、なぜ被告を妊娠させるような行為に及んだのですか。……8

証人（原告の夫） とにかく被告が積極的で、私が抵抗できるような状況じゃなかったものですから。そりゃあ、私が被告の誘いに負けたという、私の落ち度もあることは認めます。

裁　判　官 被告は妊娠しやすい日を狙ってあなたを誘い込み、しかもその日が妊娠しやすい日であることをあなたに伝えたのでしょう。妊娠させたくなかったのなら、あなたの側で何かとることのできる手段はなかったのですか。……9

証人（原告の夫） もう、被告があまりにも積極的というか、私も抵抗できないような態度に出てきたので、そんな手段なんて考えられる状況ではなかったです。

裁　判　官 被告はあなたの子を妊娠したのですから、避妊の措置を講じたこともなかったのですね。……10

証人（原告の夫） いえ、なかったのではなくて、できなかったのです。

裁　判　官 妊娠させたくなかったのなら、男の側では、最後の最後に妊娠を避ける手段があるじゃないですか。なぜそうしなかったのですか。……11

証人（原告の夫） えーと、そんなこともできるような状況ではなかったので…。

裁　判　官 その手段がとれなかった理由が全くわからない。具体的に説明してくださいよ。……12

証人（原告の夫） うーん、その点はちょっとあれですけど。

裁　判　官 あれとは何だ。具体的に説明しなさい。……13

証人（原告の夫） ……。

裁　判　官	初歩的な手段でしょう。何でそれができなかったのかね。……14
証人（原告の夫）	……。
裁　判　官	現実問題として、被告はあなたの子を産んでいるんだが、今後その子についてどのように対応していくつもりなのかね。……15
証人（原告の夫）	私のできる限りのことを精一杯やって……。
裁　判　官	できる限りのこととはいったい何だ。もっと具体的に言いなさいよ。……16
（ここで原告代理人から異議）	
原告代理人	異議があります。ここは糾弾の場ではないんですから。

Case⑩ 裁判官による威嚇?

❶ 裁判官が怒気を込めた質問をすることも……

　設例は活字に印刷されているものであり、質問がどのくらいの大きさの声でなされたか、口調はどれくらい速いものであったのか、裁判官の身振り手振りはどうであったのか、といった点は本書で示すことはできない。ただ、ここでは、裁判官は相当怒っており、最初はともかく、次第に大きな声で、比較的早口でたたみかけるような問い掛けをするようになったものと理解されたい。

　現実の裁判ではそんなにお目にかかれないような設例であるが、裁判官がこれに近い態様で質問をするケースがないわけではない（余談になるが、刑事裁判において、被告人質問の際に検察官から反対尋問で絞られた挙げ句、裁判官からも補充尋問で絞られるというケースは少なくないと思う。もっとも、裁判官が被告人を絞るのは、更生が期待できる場合であって量刑は軽くなる傾向にあるという話を聞いたことがある一方で、ある弁護士から、刑事裁判官の中には被告人を絞り上げた上でなお重い刑を宣告する人もいるという話を聞かされたことがある。）。

　代理人である弁護士としては、裁判官の質問を「制御」する役割も担っているものと心得ていただきたい（その「制御」は、正に私自身に向けられるためのものなのかも……）。

❷ 民事訴訟規則115条 2 項に該当する質問か?

　さて、ここでも裁判官の質問が民訴規則115条 2 項に該当するかどうかを見てみよう。

　⬜1から見ていくと、特に問題となりそうな質問はないように思えるが、

[11]あたりに来ると裁判官がヒートアップしてきた感があり、[13]と[14]あたりは証人を威圧するような質問と言われても仕方がないかもしれない。これらは少なくとも、牧田弁護士がLESSON5のCase8に関する解説❻で論じておられるところの、語調がきつい場合に当てはまるであろう。

そして、[15]については微妙なところであって、厳密な意味においては、被告の原告に対する不法行為責任とは直接関係しない、すなわち争点（被告の故意・過失）に関係のない質問と考えられるところではあるが、被告の側に有利な情状、すなわち慰謝料の金額を下げる方向に働く事情に関する質問といえなくもない（なお、証人と被告は共同不法行為者となることから、認容金額は同額（不真正連帯債務）となるのであって、共同不法行為者の個別責任を問題にする必要はないとの考えもあろうが、裁判例を見ると、共同不法行為者の責任の軽重の差を認定して認容金額に差をつけることも少なくなく、また、その理論構成は様々である。ただ、この点はこの場では深く立ち入らない。）。それでも、語調の点は、異議事由に該当せざるを得ないか。

そして、最後の[16]については、直前の答えについての確認という形をとってはいるが、ここまでくると、さすがに許容するのは厳しいか。

❸ 裁判官も人間であり、感情を有する……とはいえ

恥をさらすようだが、私自身、民事事件における補充尋問の最中に代理人から、「裁判官、そこまでこの人（当事者本人）に厳しく当たらなくてもいいじゃないですか。」と言われた（より正確な言葉を用いれば、「たしなめられた」）ことが少なくとも二、三度（にとどまるかどうか？）はある。

私としては、民訴規則115条2項に該当する質問、特に同項1号の「証人を侮辱し、又は困惑させる質問」は絶対にしないように心掛けていたつもりであり、実際、あからさまに同号に該当するような質問はしたことはないと「思っている」（なお、かつて刑事事件を担当していた頃、被告人質問での補充尋問について、口調そのものは決して威圧的にしていなかったにもかかわらず、立会書記官が他の書記官に対して、「柴﨑裁判官の補

充尋問、けっこう怖いんですよ。」と言っていたのを聞いて、「嘘だろー。」と反論したことがあった。被告人の弱みをつついた質問が比較的多かったことから、そのように受け止められた可能性はあるが。)。

　質問をしている裁判官自身の認識とは裏腹に、双方当事者から見れば裁判官が冷静さを失いつつあるか、あるいは失っていると評されかねない事態に至ることもあろう。この場で自戒を込めつつ、弁護士の方々には、裁判官が「暴走」しそうになったときには止めに入っていただきたい旨、お願いする次第である。

弁護士からひとこと

Case 10 について……

1 法廷の品位を守るために

　Case10の裁判官の補充尋問は、被告代理人としてみれば台風級の追い風が吹いていることになる。裁判官、よくぞ聞いてくださった、と補充尋問を聴きながら心の中でエールを送ることになるだろう。しかしさすがに13や14になると、ちょっと風の吹き方がおかしいのではないかと思い、15になると本題と関係ないのではないかと心配になる。16では、仮に原告代理人から異議がなくても、止めに入るかもしれない。

　追い風も竜巻になると皆が混乱する。仮にこの訴訟で裁判官の補充尋問がおかしい、ということになり、後で原告代理人から忌避だ国賠訴訟だと騒がれると、裁判の流れが止まってしまう。それは、誰にとっても不幸なことではないか。

　Case10の証人のように、何を聞いても不誠実な弁解しか返ってこないと、普段冷静な裁判官であってもついヒートアップすることもあると思う。柴﨑裁判官の「暴走しそうになったときには止めに入っていただきたい」という貴重な提案は、裁判官の暴走を防ぎ、もって法廷の品位を保持するのは現場に居合わせた法のプロフェッションである弁護士に課せられた役目だ、という大きな命題につながっている気がしてならない。そこまでの話でないとしても、裁判官に対しても、おかしいことはおかしいと言う勇気を持つことは非常に大切だと思う。

❷ 裁判官の補充尋問に「介入」する場合

　規則上の異議という場面ではないが、補充尋問を聴いていて「介入」すべきときがある。

　まず、地名・人名など固有名詞の読みで裁判官が間違えていたり、読めなくてつっかかっている場合である。

　私たち弁護士は、地元の事件であれば難読の地名もなんら疑問を持たず正しく読むし、依頼者や被相続人の名前も間違えることは通常ない。ところが裁判官は転勤があるので、固有名詞に不慣れである。加えて、４月に着任して５月に証拠調べ期日がある、という場合、難読固有名詞の読みまで把握することは難しいと思う。私たちは補充尋問を聴いていて「あ、やっぱりこの漢字、難しくて裁判官は読めないんだな」と思って終わる、としてでよいかもしれないが、尋問されている証人や当事者は、裁判官が間違った地名や人名を使って尋問をしていることで、何を聞かれているのかわからない、という事態に陥る。

　そもそも証人席に座るだけでもプレッシャーなのに、事件の結論を決める裁判官から壇上より質問をされることで、パニック寸前でないだろうか。もし正しい指摘がない場合、お互い誤解したまま補充尋問がなされ、それが心証に大きな影響を与えることになるのだから、そういう些細な齟齬でもきちんと指摘することは重要だと考える。

　この発展型として、裁判官が補充尋問で基本的な事実関係を取り違えている場合がある。

　例えば、自転車に乗った山田さんがブレーキをかけたところ、後ろを自転車で走っていた佐藤さんが追突したという場合に、裁判官が山田さんと佐藤さんを取り違えている、というときである。これも言い間違いや勘違いであるが、尋問される側は全く違ったことを質問されていることになるので、おかしな回答をする前に、直ちに指摘する必要がある。

　これらを指摘するのに、「異議あり」と言う必要はないだろう。補充尋問の途中で「裁判官、よろしいでしょうか。」と手を挙げて立ち上がり、「その

地名は〇〇と読みます」とか「自転車で先行していたのは山田さんです」と端的に指摘すればよい。

❸ 本人訴訟と裁判官の誘導尋問

　本人訴訟において、本人を尋問する場合は、裁判官が尋問事項書を読み上げて本人を尋問する。しかし、一問一答の尋問事項にはなっていないし、そもそも一般に想定される尋問事項書が提出されないこともある。そこで裁判官が本人に対し、一から具体的に聞いていくことになるが、このとき、誘導尋問を多用することがある。むしろ、誘導して聞いていかないと、本人の気持ちや思いや怒りなどで話があちこち飛んで収拾がつかないことも多い。これは、相手方当事者からすると、えらく裁判官が本人側にひいきをしているように見える。このようなときに、裁判官の尋問に異議を述べるべきだろうか。

　これは、事件の全体のバランスを考えるべきだろう。特に本人訴訟の場合、原告であれば請求が成り立たない場合や、被告であれば抗弁が成り立たないことが多い。それでも尋問をするのは、本人が裁判できちんと言い分を述べたという事実や、それを遺漏なく行ったという手続きが重要だからであろう。端的に言うと、当事者の「ガス抜き」である。そのような状態であるのに、裁判官の尋問に対し、逐一「異議あり、誘導です」「意見を求める質問です」とやるのは、大人気ない。証拠調べがそもそも訴訟の帰趨に影響がないのであれば、あえて黙っているという選択も十分ある。ただ、本当に帰趨に影響がないのかは、シビアに評価しなければならないだろう。

❹ 実践の中で技術を磨く

　さて、ここまでお読みいただいた皆さん、尋問に対する自信が少しついただろうか。法廷には多様な尋問シーンに溢れている。どれだけ準備をしても、思いどおりの尋問ができるとは限らないし、一つ一つが生きた会話であるから、教科書どおりにはなかなか進まない。しかし、本書で学んだNG例やそ

の対処法を頭に入れて、失敗をしない尋問を心がければ、尋問に対する不安や苦手意識は解消されるのではないだろうか。

　あとは実践あるのみ。たくさんの経験を積んで、尋問技術を磨いていこう。

あとがき

　さて、民事尋問教室、間もなく閉講の時間となるが、最後に私に対して
お話をさせていただく機会（紙面）が与えられたので、一言述べさせてい
ただくこととする。

　牧田弁護士は、まえがきで、「近年若手弁護士が先輩弁護士に気軽に相
談できる機会が減ったのではないか」、「それは尋問の場面においてより顕
著であろう」と述べておられるが、裁判官である私の認識も全く同様であ
る。弁護活動の良し悪しは、裁判官にとっても、自身の事件処理に大きく
影響するところであり、当事者双方の弁護士が見事な訴訟活動を遂げられ
た事件は、和解がしやすくなり、判決となった場合でも起案がスムーズに
なる。かような意味から、弁護士の方々には、先輩のアドバイスに代わる
ものとして、牧田弁護士の各LESSONをよく学んで尋問技術を磨いてい
ただきたい。

　尋問は、裁判においてはクライマックス、代理人である弁護士にとって
は腕の見せ所というイメージが強い。牧田弁護士も、LESSON4のCase5
の解説において、ドラマや映画の影響と思われるところの世間一般の尋問
に対するイメージについて触れておられるが、実際の裁判はそのようなも
のではない。裁判官の心証形成は書証で決着がつくことが多く、裁判官に
とっては、人証調べは補完的なものにとどまることが多い。とはいっても、
人証調べの結果、書証で抱いていた心証が覆されるケースも現実には存在
するのであって、裁判官は、ひょっとしたらこれまでの心証が変わるかも
しれないという思いで人証調べに臨んでおり、人証調べを決して軽視して
いるわけではない。

　人証調べは、争いのある要件事実の存否を判断する資料を裁判官に提供
する場面であるとともに、当事者や関係者が抱いている心情が裁判官に伝
えられる場面でもあり、後者は和解の勧試に大きく影響するものである。
また、裁判官にとって、当事者本人の心情を知ることは、紛争の背景事情
を把握することにつながるが、背景事情は、紛争の根幹にかかわる有益な

情報であって、争点に関する事実認定をする際にも大いに役立つものといえる。読者の方々においては、尋問は依頼者のために、そして社会正義のために行うものであるとともに、裁判官のために行うものであることを、忘れないでいただきたい。

　さて、私に与えられた時間（紙面）が相当押してきているので、ここで、前著「起案添削教室」のあとがきとほぼ同じことを復唱させていただき、締めの言葉としたい。

　読者の皆さんは、牧田マジックにかかったことで、尋問能力を一気に伸ばすチャンスを得たこと、間違いなし。

　ただ、「牧田マジック」はあくまでもチャンスを提供するものであって、能力を伸ばせるかどうかは、ひとえに、読者の皆さん各自の努力にかかっているのである。

　では、これをもって、民事尋問教室を閉講させていただく。

　お時間のある方は、これから牧田弁護士を称えるべく一席設けたいので、ご参加いただけますでしょうか……。

令和5年7月吉日

裁判官　柴﨑　哲夫

◆著者紹介

牧田　謙太郎（まきた　けんたろう）
弁護士（柏綜合法律事務所）

●略歴
1997年　早稲田大学法学部卒業
2001年　弁護士登録（千葉県弁護士会）
2013年　千葉県弁護士会副会長
2017年　千葉県弁護士会松戸支部支部長
千葉県児童虐待対応法律アドバイザー
柏市教育委員
千葉県市川児童相談所　嘱託弁護士
千葉県スクールロイヤー

●主な著書・論文
『慰謝料算定の実務　第2版』ぎょうせい、2013年（共著）
『裁判官はこう考える　弁護士はこう実践する　民事裁判手続』学陽書房、2017年（共著）
『弁護士はこう表現する　裁判官はここを見る　起案添削教室』学陽書房、2020年（共著）

●主な講演実績
「学校内における体罰事例について」2011年　千葉県内県立高校教員研修
「虐待ケースの法的対応」2016年　千葉県内児童相談所職員研修
「それでも体罰やりますか」2016年　千葉県内県立高校教員研修
千葉県児童福祉司任用前・後研修
弁護士会内研修、児童生徒対象講座、教職員対象研修の講師なども務める。

そのほか、難しい話をわかりやすく伝えるよう、日々心がけている。

柴﨑　哲夫（しばさき　てつお）

裁判官（千葉地方・家庭裁判所佐倉支部長）

●略歴

1984年　早稲田大学法学部卒業

1988年　名古屋地方裁判所判事補

1990年　前橋家庭・地方裁判所判事補

1993年　青森家庭・地方裁判所判事補

1996年　東京地方裁判所判事補

1998年　同判事

1999年　福島地方・家庭裁判所相馬支部長

2003年　東京地方裁判所判事

2006年　さいたま家庭・地方裁判所川越支部判事

2011年　横浜家庭・地方裁判所判事

2015年　千葉地方・家庭裁判所松戸支部判事

2018年　東京高等裁判所判事

2020年　千葉地方・家庭裁判所佐倉支部長

●主な著書・論文

「家庭審判法24条審判の分析と展望」（『家庭裁判月報』第46巻第10号所収）

最高裁判所事務総局、1994年

『民事訴訟法辞典』信山社、2000年（共著）

『裁判官はこう考える 弁護士はこう実践する 民事裁判手続』学陽書房、2017年（共著）

『弁護士はこう表現する 裁判官はここを見る 起案添削教室』学陽書房、2020年（共著）

●主な講演実績

千葉県弁護士会松戸支部内研修講師　2015年、2017年

そのほか、弁護士との懇談を通じて、裁判手続における裁判官と弁護士相互間のコミュニケーションの在り方について検討している。

弁護士はこう訊く　裁判官はこう聴く

民事尋問教室

2023 年 8 月 10 日　初版発行

著　者	牧田　謙太郎・柴﨑　哲夫	
発行者	佐久間重嘉	
発行所	学 陽 書 房	

〒102-0072　東京都千代田区飯田橋 1-9-3
営業　電話　03-3261-1111　FAX　03-5211-3300
編集　電話　03-3261-1112
http://www.gakuyo.co.jp/

ブックデザイン／スタジオダンク
DTP制作・印刷／精文堂印刷　　製本／東京美術紙工

★乱丁・落丁本は、送料小社負担にてお取り替えいたします。
ISBN 978-4-313-51206-1　C2032
©Kentaro Makita, Tetsuo Shibasaki, 2023, Printed in Japan
定価はカバーに表示しています。